中华名人故事图画书

山东城市出版传媒集团·济南出版社

孔子的故事

上册

图 郭德福
文 郭德福

图书在版编目（CIP）数据

孔子的故事 / 郭德福著 . —济南：济南出版社，2023.2
（中华名人故事图画书）
ISBN 978-7-5488-5297-1

Ⅰ . ①孔⋯　Ⅱ . ①郭⋯　Ⅲ . ①孔丘（前551—前479）—生平事迹—青少年读物　Ⅳ . ① B222.2-49

中国版本图书馆 CIP 数据核字（2022）第 216644 号

孔子的故事
KONGZI DE GUSHI

出 版 人	田俊林
责任编辑	李　晨
封面设计	焦萍萍
出版发行	济南出版社
地　　址	山东省济南市二环南路 1 号
邮　　编	250002
印　　刷	济南新先锋彩印有限公司
版　　次	2023 年 2 月第 1 版
印　　次	2023 年 4 月第 1 次印刷
成品尺寸	170 mm×240 mm　16 开
印　　张	11.25
字　　数	68 千字
书　　号	ISBN 978-7-5488-5297-1
定　　价	88.00 元（上下册）

（济南版图书，如有印装错误，请与出版社联系调换。联系电话：0531-86131736）

从总角小儿到弱冠青年，从中年奔波再到老年修书
那些寻常而温馨的家庭生活和亲情瞬间
那些历尽困难仍执着求索的周游故事
孔子在不同人生阶段的容貌风韵，跃然纸上
画家沿着孔子的足迹辗转追寻
描绘出更接近真实的孔子形象
让人们以一种更加亲切的方式走进孔子的世界

公元前551年9月28日,
鲁国"以勇力闻于诸侯"的武士叔梁纥(hé)梦想成真,
他的妻子颜征在于尼山陬(zōu)邑昌平乡(今山东曲阜东南)
产下一名健康的男婴。

夫妻俩大喜过望,遂以尼山为念为孩子取名孔丘(字仲尼)。
孔子的父亲叔梁纥此时被封为陬邑宰,
因老年得子,他对孔子宠爱有加,呵护备至。
一岁多的小孔丘蹒跚学步,一家人其乐融融,
仁爱之心在孔子幼小的心灵中扎根。

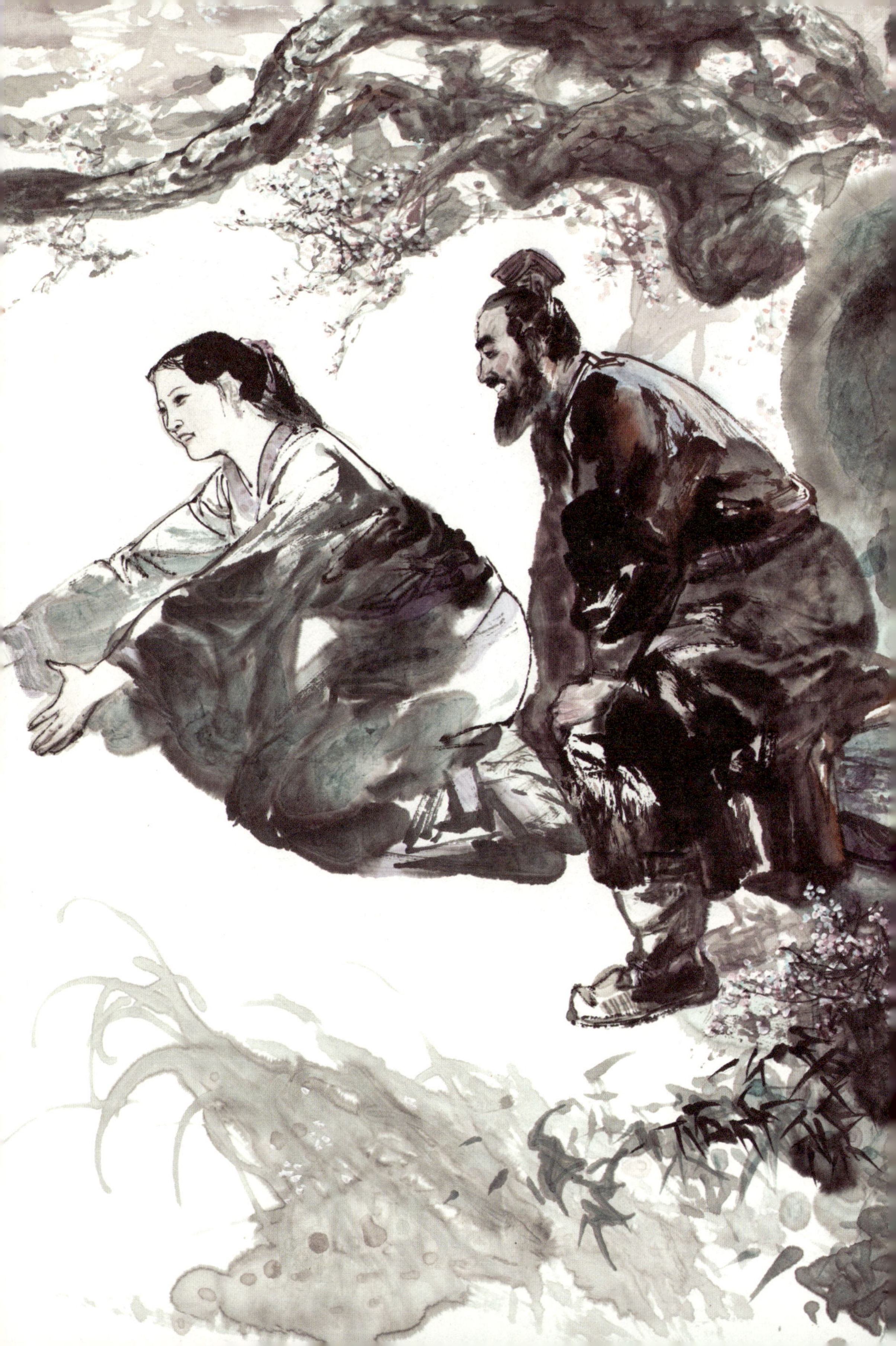

孔子三岁丧父,
母亲颜征在独自承担起养育儿子的重担。
孔母带着年幼的孔子迁到曲阜城内阙里居住,
靠洗衣、种地为生,生活非常清苦,
却仍不忘教孔子识字读书。
孔母勤劳坚毅、善良尚学的优秀品德,
对孔子产生了深远的影响。

曾子曰:"吾日三省吾身——为人谋而不忠乎?与朋友交而不信乎?传不习乎?" 《论语·学而》

孔子曰:"不知命,无以为君子也;不知礼,无以立也;不知言,无以知人也。" 《论语·尧曰》

据《孔子世家考》记载，
即使在生活最困苦的时候，
孔母仍购买礼器给孔子做玩具，
鼓励孔子勤奋好学、讲求礼仪。
母亲的识大体、明大义，照亮了孔子求知的方向。
孔子五六岁时就对祭祀产生了兴趣，
经常模仿大人，陈设祭器，练习各种祭拜礼仪。

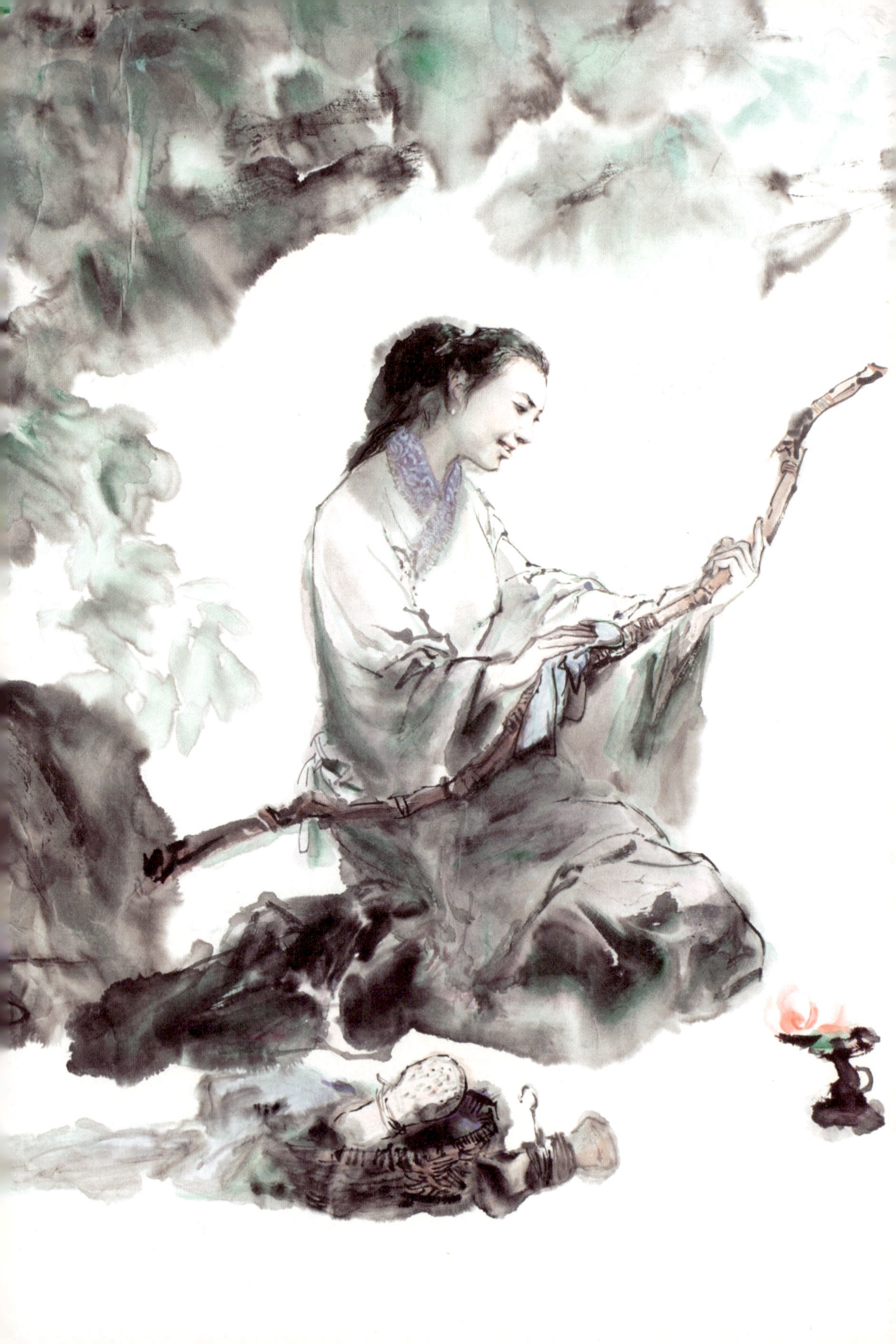

孔母很重视儿子的品德教育，
她在教孔子识字读书之隙常讲孔父叔梁纥的英雄故事。
孔父是孔母敬佩的爱国英雄，
他曾多次为鲁国立下战功。
孔父曾勇率三百甲兵，射杀敌将，
护送鲁国大夫臧武仲突围，
又杀回防邑，击败入侵敌军。
这些故事深深地刻在少年孔子的心里。

仰之弥高，钻之弥坚。 《论语·子罕》

在母亲的教育下,
家境贫寒的孔子一边帮助母亲做事,
一边勤奋读书,
在少年时就因博学而闻名乡里。
孔子在总结自己一生时说,
"吾十有五而志于学",
表明他在少年时就有了"志于学"的信念。

子曰:"吾十有五而志于学,三十而立,四十而不惑,五十而知天命,六十而耳顺,七十而从心所欲,不逾矩。"　《论语·为政》

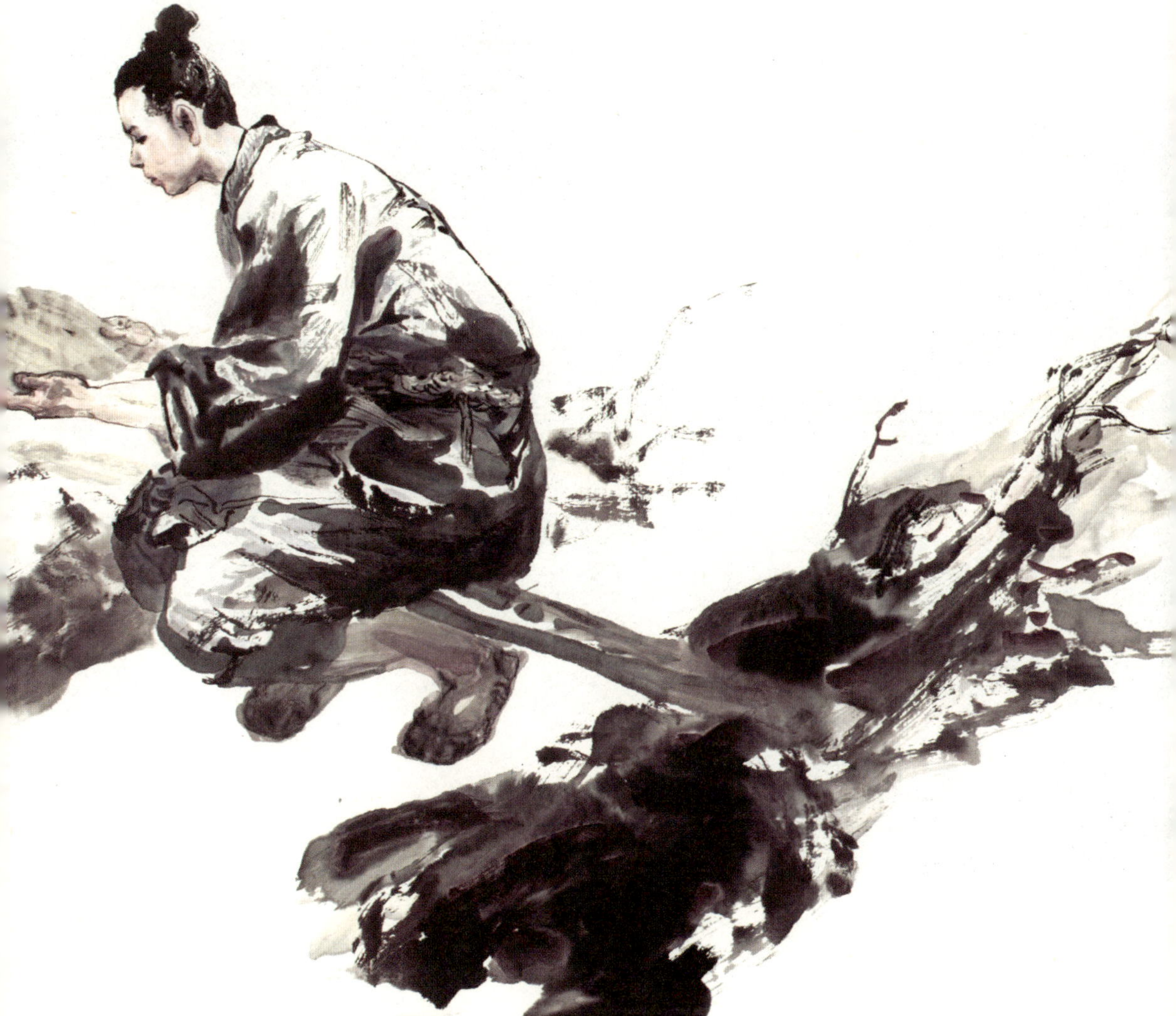

孔子17岁那年，孔母去世。
他异常悲痛，千方百计找到父亲的墓地，
将父母合葬在曲阜城东防山之阴。
守丧的孔子听说鲁国权臣季孙氏宴请士一级的人物，
他想父亲是陬邑宰，
自己也应是士中一员，便赶去赴宴，

谁知被季孙氏的家臣阳虎拒之门外。

阳虎对他说:"我们家大人宴请的是士,不是你。"

孔子初次尝到了人生冷暖。

> 子曰:"学而时习之,不亦说乎?有朋自远方来,不亦乐乎?人不知而不愠,不亦君子乎?" 《论语·学而》

子贡问曰:"孔文子何以谓之'文'也?"子曰:"敏而好学,不耻下问,是以谓之'文'也。" 《论语·公冶长》

青年孔子十分好学,
经常向有学问的人请教,与之切磋。
有人嘲笑他:"谁说陬邑宰的儿子懂礼?什么事都问别人。"
孔子听到后说:"不懂就问,这就是礼啊。"
孔子第一次在太庙看到欹(qī)器,
问守庙人得知,此物无水时倾斜,
盛的水适中就立正,盛的水过满就倾覆,
是放在君王右座的警示之器,叫右座之器。
孔子从中悟出了"满招损,谦受益"的道理。

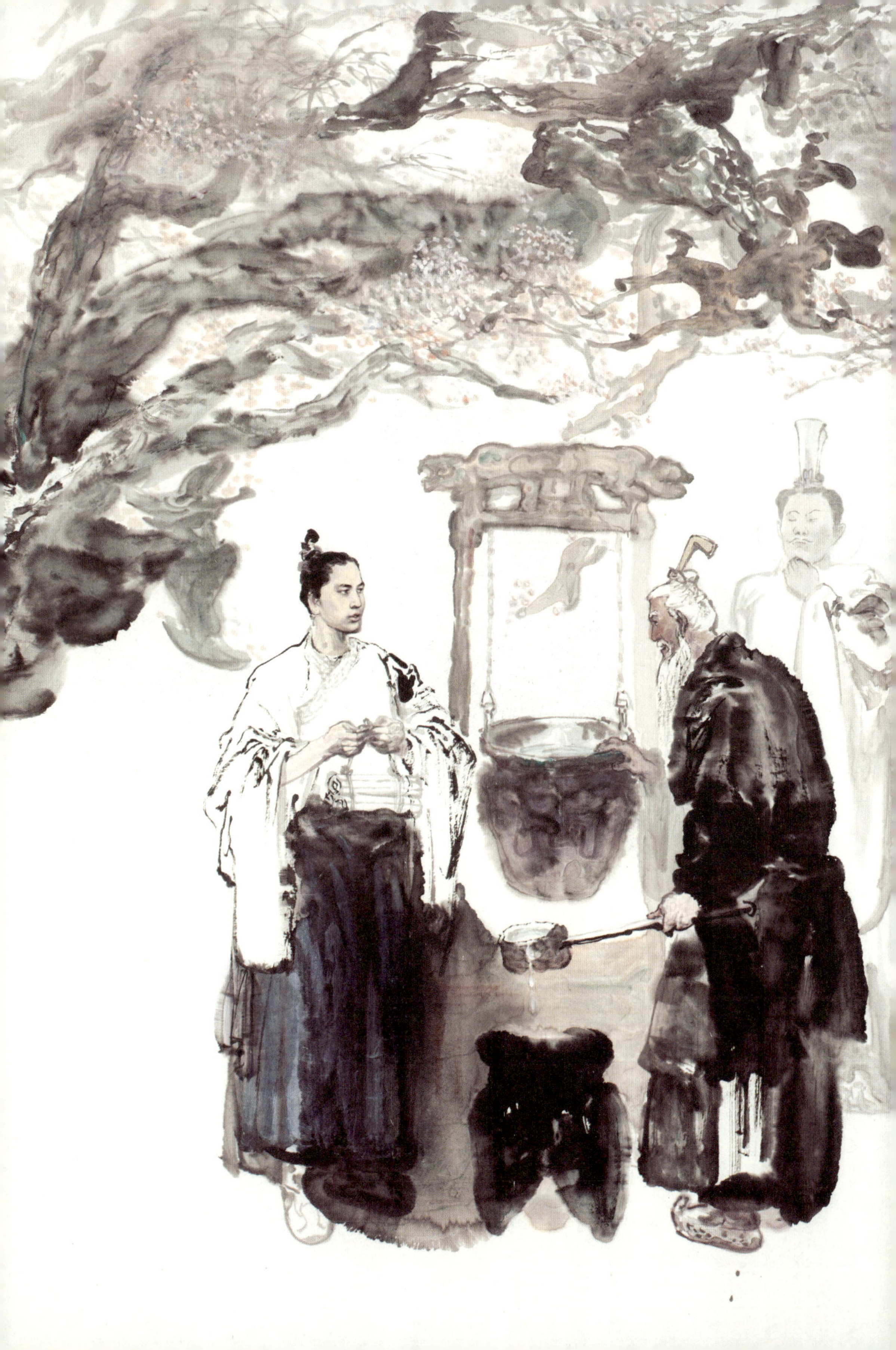

孔子19岁时,迎娶宋国人亓官氏为妻。
20岁那年,孔子的儿子诞生。
鲁昭公赐了一条鲤鱼作为贺礼,
孔子于是给儿子取名为鲤(字伯鱼)。
幼年丧父的孔子非常珍惜与儿子相处的温馨时光。
冬天雪后,孔子全家在院子里快乐地堆起雪人。

子曰:"弟子入则孝,出则悌,谨而信,泛爱众,而亲仁。行有余力,则以学文。" 《论语·学而》

有了家室的孔子,

找的第一份工作是在鲁国权臣季孙氏家中担任委吏,负责管理粮仓。

孔子不以位卑而不为,

料量升斗、收支记录,

全都做得清楚明白、真实可靠。

后孔子又任乘田,负责畜牧之事。

他晨夕饲养,仔细观察,

顺应牲畜天性,
使牛羊长得膘肥体壮。
放牧之时,孔子用牧歌来表达他的爱畜之情。

子曰:"见贤思齐焉,见不贤而内自省也。" 《论语·里仁》

孔子 27 岁时向鲁国著名琴师师襄子学琴。
半个月之后，
师襄子劝他学习新曲。
孔子说："我还没有学到这支曲子的神韵。"
又过了半个月，
孔子还是没有学习新曲。
直到有一天，孔子在琴声中感悟到：

"除了周文王，谁能作此曲呀！"
师襄子深感震惊：这曲名叫《文王操》，正是周文王所作。

子在齐闻韶，三月不知肉味，曰："不图为乐之至于斯也。" 《论语·述而》

4000多年前中国已有春节（俗称过年），
鲁国亦有春祭习俗。
孔子和家人一起过春节，燃灯守岁，
给儿女们讲傩（nuó）戏中有关春节的故事。
儿子孔鲤做着鬼脸吓唬妹妹，胳膊上挂着迎春傩戏的面具。

守岁，中国民间除夕习俗，从年夜饭开始，一夜不睡，以迎候新年的到来。守岁的习俗，既对如水逝去的岁月含惜别留恋之情，又对新年寄以美好希望之意。

古人迎春时，
有燃竹子，以其爆裂之声祛除病邪的风俗，
俗称"爆竹"。
孔子与妻子、儿子、女儿一起燃放爆竹，
期盼新的春天带给他们更美好的生活。

子之燕居，申申如也，夭夭如也。 《论语·述而》

孔子30岁时办了一件大事——创办私学,
成为中国开创平民教育的第一人。
西周时期,"学在官府",教育被贵族垄断。
孔子打破了这种局面,
提出"有教无类"的办学方针,
不分贫富贵贱,不论老少,
只要想学习,都可成为他的学生。

在孔子所收的学生中,
有比孔子小30岁的颜回,有只比孔子小6岁的颜回的父亲颜路,
有蓬蒿编门、破瓮当窗的原宪,有远道而来的卜商。

> 子曰:"三人行,必有我师焉:择其善者而从之,
> 其不善者而改之。" 《论语·述而》

孔子教学没有固定场所,
他会根据学生的多少、气候的变化等因素变动授课地点,
"游乎缁帷之林,休坐乎杏坛之上"。
春暖花开的季节,孔子常把课堂移到庭院外的杏树下,

在杏花的芬芳里讲礼论诗,
因而此处被称为"杏坛"。
后来,"杏坛"成为教育的代名词。

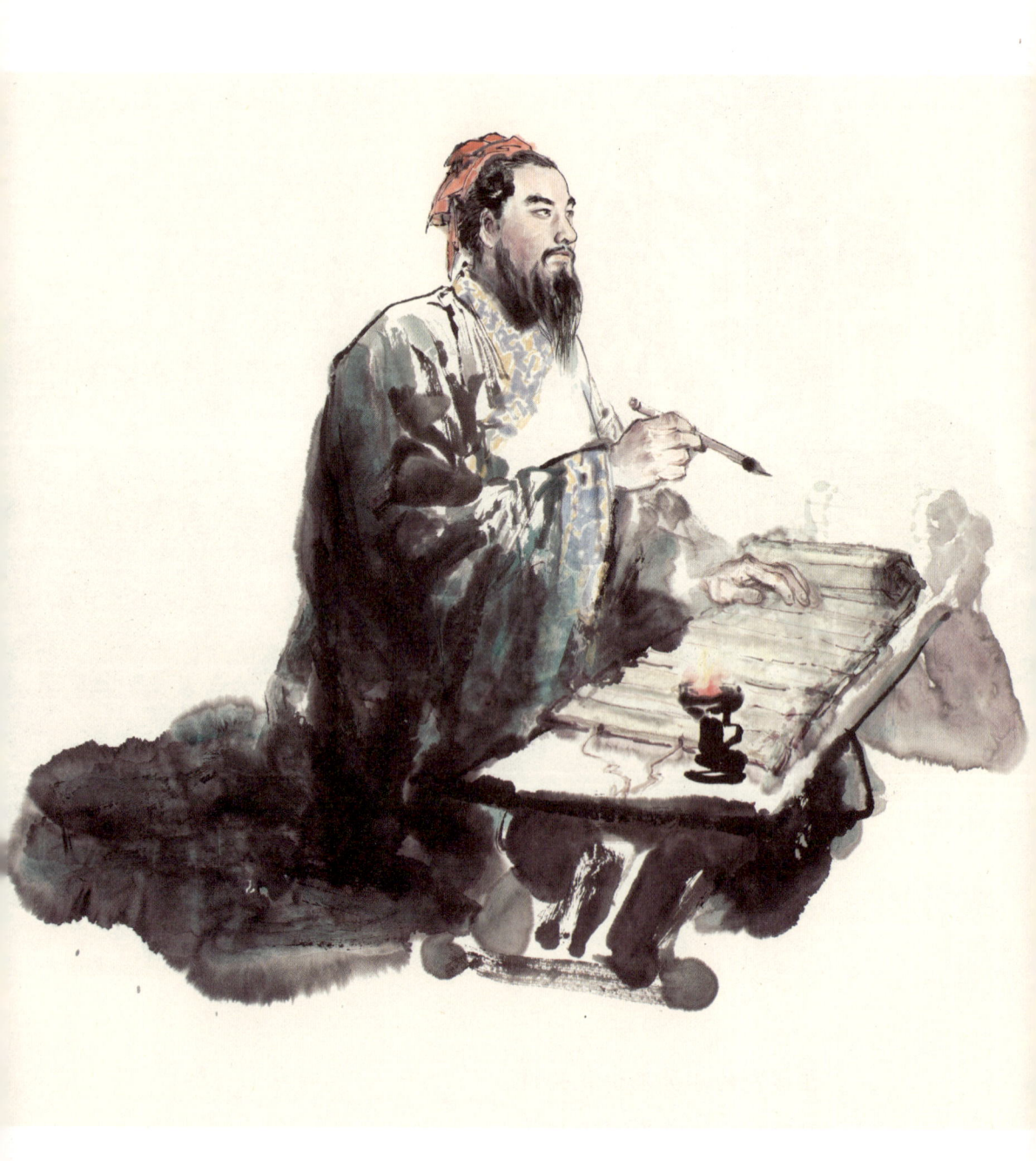

颜渊问仁。子曰:"克己复礼为仁。一日克己复礼,天下归仁焉。为仁由己,而由人乎哉?"
樊迟问仁。子曰:"爱人。" 《论语·颜渊》

孔子在教学中始终坚持一条高效的教学理念——因材施教。
他的学生众多,性格迥异,
孔子就针对每个人的特点进行个性化教育。
如针对颜回、樊迟等人问"仁",
针对子游、子夏等人问"孝",
孔子会根据他们的个体差异,而给予具体的不同的解答。
他还要求学生在学习上,
坚持"知之为知之,不知为不知"的诚实态度,
这也成为中国人尊崇至今的学习理念。

子曰："不愤不启，不悱不发。举一隅不以三隅反，则不复也。"

《论语·述而》

孔子在教学中常采用自由、平等的讨论模式，
这也是杏坛教育的突出特色。
孔子师生面对古今、世事、自然、礼乐等议题，
见仁见智，畅所欲言，"论"成了主要的教学方式，

于自由中开启心智，于平等中挖掘真知灼见。
孔子师生在杏坛上收获了知识、情谊和快乐，
他们的言论后来形成了一部历久弥新的思想巨作——《论语》。

在教学之余，孔子与学生常到曲阜城南沂水舞雩（yú）台沐浴游憩。
有一次，孔子在舞雩台上听学生言志。
子路、冉求、公西华各言其志后，
曾点说："我只想在春天里与友人一起到沂水沐浴，
再在舞雩台上临风起舞，尽兴后快快活活唱着歌回家去。"
孔子听后感叹说："我希望与你一样！"

（点）曰："莫春者，春服既成，冠者五六人，童子六七人，浴乎沂，风乎舞雩，咏而归。"夫子喟然叹曰："吾与点也！" 《论语·先进》

孔子向学生传授"六艺"：礼、乐、射、御、书、数。
其中的"御"就是驾车的技术。
孔子的很多学生学会了驾车，
其中子路、冉求就是驾车高手。

在传授驾车技术时,
孔子一直倡导安全驾车。
孔子说:"上车后,要挽住车中绳索,心无旁骛。
不能乱说话,不能指指画画。"

孔子驾车技术精湛。达巷这个地方有人说，
孔子真厉害，什么都会，只可惜没有什么成名的专长。
孔子听说后笑道："那我专练什么呢？
驾车？射箭？就让我练驾车好了。"
对此孔子解释道："善于驾驭马匹的人，要会平均使用马的力量，

无论回旋还是转弯,都要顺着马的意愿,这样就可以驭马远驰。"善于驭马的孔子经常驾车出行,迎风奋进。

子曰:"由!诲女知之乎!知之为知之,不知为不知,是知也。" 《论语·为政》

子曰:"君子矜而不争,群而不党。" 《论语·卫灵公》

孔子爱好体育,
他教授学生的"六艺"中就有两种体育项目——
驾车和射箭。
"孔子射于瞿相之圃,盖观者如堵墙",
说的就是曲阜人聚集于瞿相园林争观孔子射箭比赛的场面。
赛后,孔子感慨地说:
"君子没什么可争的事情,如果有所争,
那一定是比射箭吧!
赛前相互揖礼走上赛场,
赛后痛快地喝酒,
那可真是君子的竞赛啊!"

孔子常带学生颜回散步。
孔子快走，颜回也快走；
孔子慢走，颜回也慢走。

这是孔子在向身体不够强壮的颜回传授快慢相间的徒步健身方法。颜回在学业上也处处以孔子为榜样，一心一意追随老师的脚步，故称"孔步颜趋"。

孔子是儒家学派的创始人，
还是一位热爱跑步的"飞毛腿"，这一点鲜为人知。

史载，孔子喜欢跑步，且速度飞快，好似能追上郊外奔跑的野兔。

孔子身材高大，喜爱体育，也喜欢举重。
孔子"力抬城关"，
说的就是孔子用双臂举起粗大的"城关"
（关城门的门闩），
颇有其父叔梁纥的遗风。

孔父叔梁纥生前在一次激战中,
为了掩护鲁军突围,
双臂举起正在落下的城闸,遂"以勇力闻于诸侯"。

子曰:"知者不惑,仁者不忧,勇者不惧。" 《论语·子罕》

孔子说:
"聪明人乐于水,
仁人乐于山。
聪明人好动,
仁人好静。
聪明人快乐,
仁人长寿。"
他教育学生乐山乐水,
做有道德修养的人,
认为一个人应当热爱自然、
敬畏自然、融入自然。
孔子是最早把生态道德教育
融入人伦道德教育的人之一。

子曰:"知者乐水,仁者乐山。知者动,仁者静。知者乐,仁者寿。" 《论语·雍也》

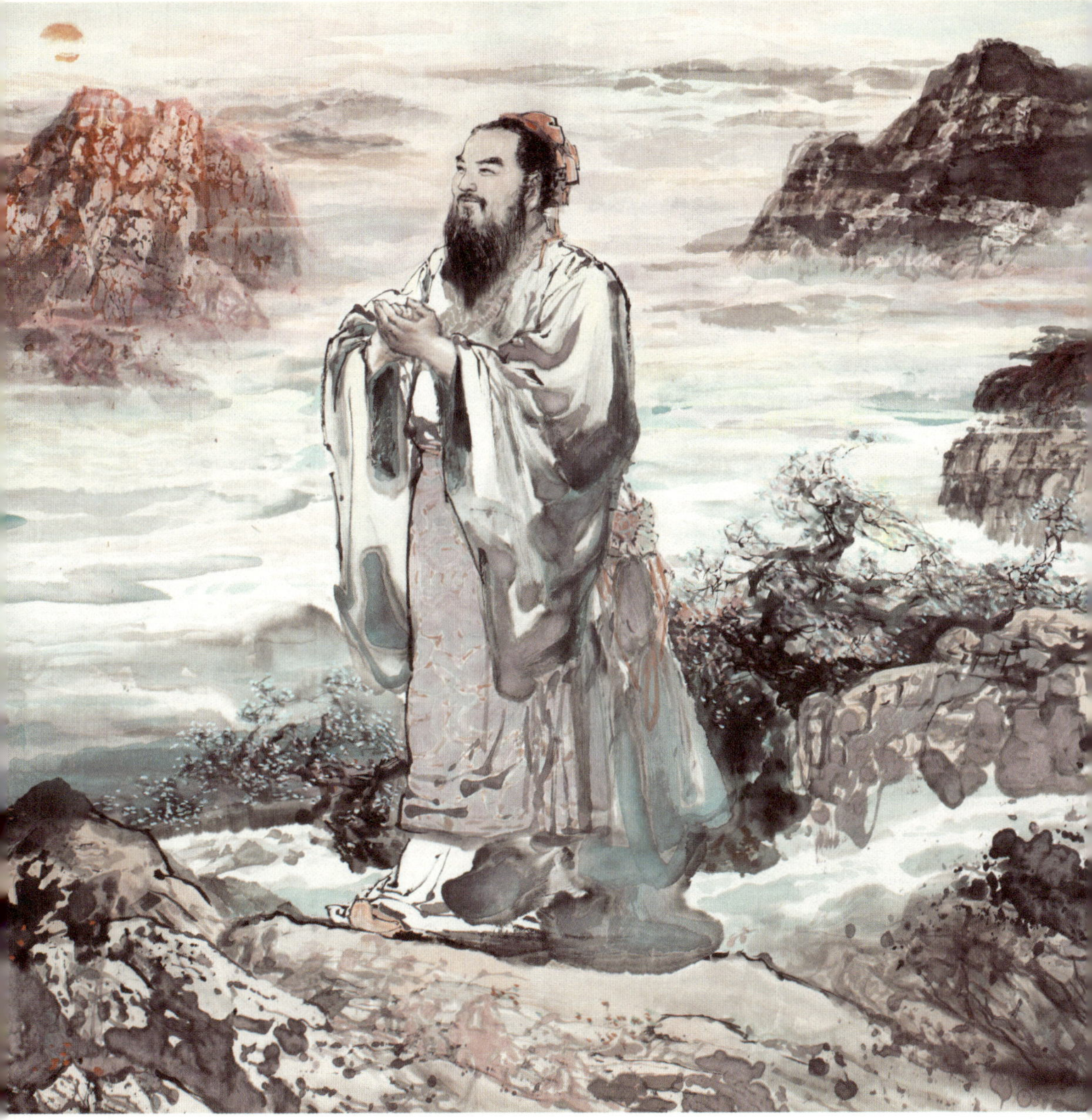

孔子经常带领学生登有
"环鲁之山多矣,论其玲珑秀峙,未有此山之奇者"
之称的东山(今山东邹城东南的峄山)。

孔子带领学生攀岩而上，登顶远望，
让学生开阔视野，锻炼毅力，强健体魄，
从而留下了"登东山而小鲁"的名句。

一次,孔子师生从曲阜出发去登泰山。

泰山高而险,

师生相互携助,

终于登上了泰山顶峰。

孔子师生登高望远,感慨万千,

留下了"登泰山而小天下"的名句。

孔子常泛舟于泗水。
望着滔滔而去的河水，
孔子感慨过去的人和事以及生命与时间，
无不如同昼夜不停的江水一样快速流逝，
从而留下了"逝者如斯夫，不舍昼夜"的思索和感悟。

孔子对水的透彻观察与体悟，
影响着数千年的中国文化。

子曰："学而不思则罔，思而不学则殆。"　《论语·为政》

一个晴朗的日子里,
孔子与学生子路登山游览。
在青山绿水间,几只山鸡在山梁上悠闲嬉戏,
它们或啄羽梳理,或互相张望。
孔子和子路被眼前和谐美丽的场景所吸引,驻足不前。
山鸡见有人来,扑腾飞起,
略作盘旋,又落回原地,
继续觅食嬉戏。

孔子感叹："这些山鸡呀，也懂得时宜呀。发现这里没有人想害它们，就继续留下来。"
子路似有所悟，朝着山鸡友好地拱拱手。
山鸡望望他们，展翅飞向远方，隐于山雾之中。

> 子曰："默而识之，学而不厌，诲人不倦，何有于我哉？" 《论语·述而》

孔子的学生子张问孔子,
一个人怎样才能走到哪里都行得通。
孔子答:"说话忠诚老实,行为厚道庄重,
即使到南北的边疆地区,也能行得通。
说话不忠诚老实,行为不厚道庄重,
即使在本乡本土,能行得通吗?"
子张于是取笔,请老师将这段话写在自己的衣带上,以便能天天读到。

子张问行。子曰:"言忠信,行笃敬,虽蛮貊之邦,行矣。言不忠信,行不笃敬,虽州里,行乎哉?立则见其参于前也,在舆则见其倚于衡也,夫然后行。"　《论语·卫灵公》

子游曰：『丧致乎哀而止。』
《论语·子张》

孔子的一位友人原壤因母亲突然去世而深受打击，
不能料理母亲的葬礼。
孔子慨然挑起帮助友人葬母的担子，
他亲自挑选棺木，用水调色为棺木上色，描绘图案。
原壤在这时本该"致乎哀"，却说自己很久没有唱歌了，
随即登上母亲的棺木高歌一曲。
邻居见状，纷纷劝孔子别再帮助原壤了。
孔子说："谁叫他是我的老朋友呢，
我们看在他死去母亲的面上，把葬礼办了吧。"

34岁的孔子一直想问学老子,
无奈老子居住的周朝国都洛邑（在今洛阳）距鲁国太远,
清贫的孔子没有旅费前往。
孔子的学生南宫敬叔向鲁昭公表达了孔子的意愿,
鲁昭公决定安排一辆车、两匹马、一名随从,助孔子问学老子。
路上,好学的孔子说:
"吾闻老聃（即老子）博古通今,通礼乐之原,名道德之归,

则吾师也，今将往矣。"

路经黄河时，孔子射下一只大雁，预备送给老子做见面礼。老子闻讯，亲自出城相迎。

老子，姓李名耳，字伯阳，又称老聃，春秋时期思想家，著有《道德经》，道家学派创始人。

老子当时任周守藏室之史,
职位相当于国家图书档案馆馆长。
他对孔子的来访做了认真的安排:
先阅览典籍,然后谈礼仪。

孔子阅读了《商颂》《周颂》及上古文献三千余篇，
为以后编撰《尚书》准备了史料；
他还重点研读了《周礼》和百余诸侯国的旧志，
为后来编撰《春秋》打下了基础。

在会见中,
孔子与老子围绕"礼乐""道德"等重大议题交流探讨。
老子除著有《道德经》以外,
还写了一些关于"通礼乐之原"的文章。
在近一年的时间里,
老子将自己的文章学说悉数介绍、传授给了孔子。
可惜的是,后来老子只有《道德经》流传下来。
值得庆幸的是,在孔子学说中,
有老子"通礼乐之原"学说的影子,
这为儒家文化与道家文化的相互融合做了准备。

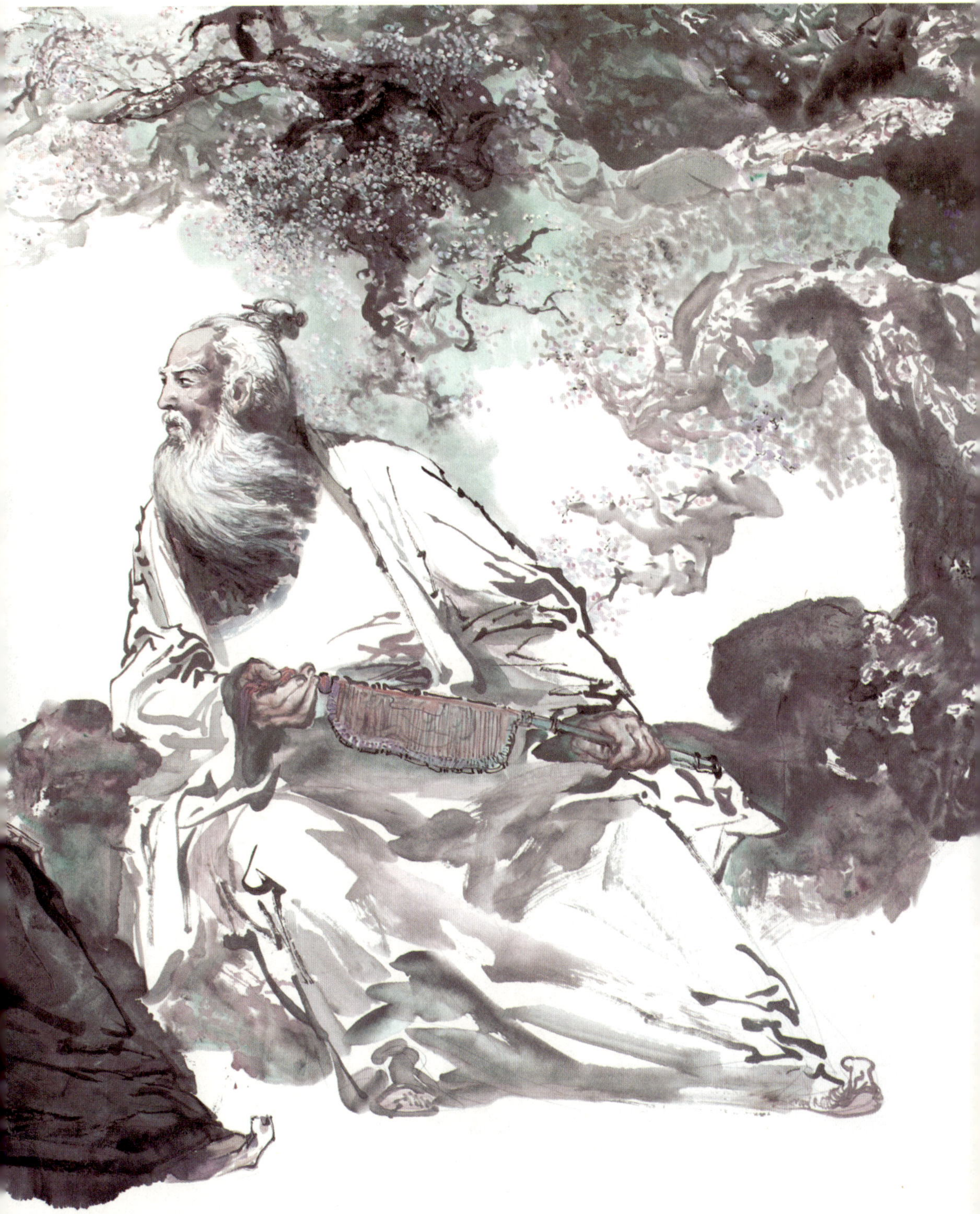

老子又引领孔子参观明堂、太庙，
以及天子郊祭天、社祭地的场所，
"观先王之遗制，考礼乐之所极"。
明堂是周天子祭祖、朝会的地方，
那里有周武王灭商后迁来的九鼎，
还有周公的画像。

周公是孔子心目中的圣人，
因此他在其画像前长时间驻足，
后来还多次梦见了周公。

子曰："周监于二代，郁郁乎文哉！吾从周。"
《论语·八佾》

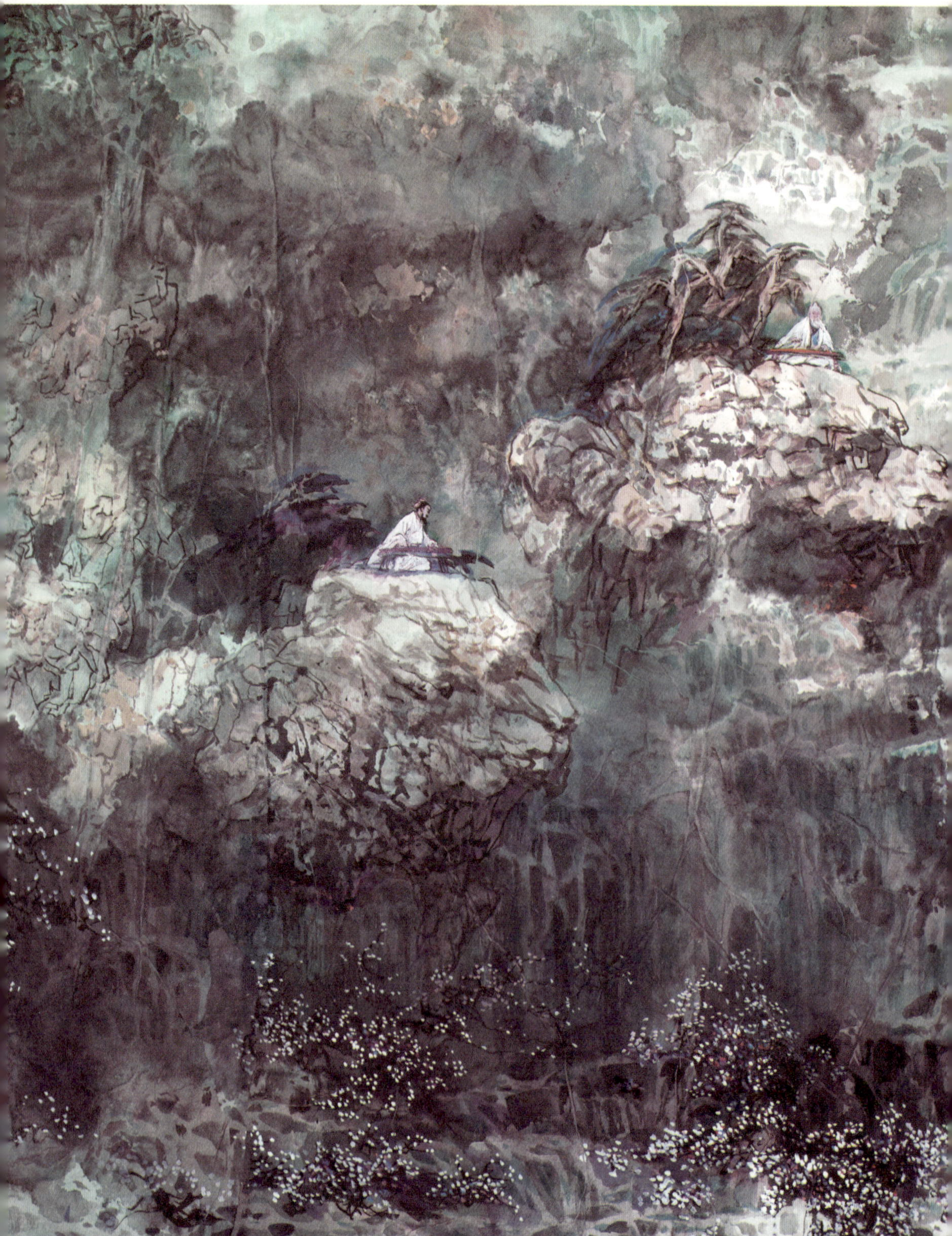

老子还将乐师苌弘介绍给孔子，
三人一起探讨"乐"的文化渊源，
留下了关于《大武》的经典讨论。
《大武》反映了周人统一天下、
治理天下的全部历程，
堪称周人的国乐。

> 子谓韶："尽美矣，又尽善也。"
> 谓武："尽美矣，未尽善也。"
> 《论语·八佾》

友直,友谅,友多闻,益矣。

《论语·季氏》

孔子的周都问礼之行,历时近一年。
这是孔子一生中最快乐的时光,
他几乎每天都有新发现和新思考,并与老子建立了深厚的友谊。
分别时,老子深情地对孔子说:

"我听说富贵之人用财物来送人,仁义之人用言语来送人。我不富贵,只好盗用仁人的名义,用言语来送你。"

孔子认真地听完老子的临别赠言,望着老子远去的背影,久久不愿离去。

曾子曰:"君子以文会友,以友辅仁。" 《论语·颜渊》

孔子告别老子,返回鲁国。

途中,他的学生问:

"您觉得老子是个什么样的人呢?"

孔子说:"天上的鸟会飞,地上的兽会跑,水中的鱼会游。

这些，我都知道。只有龙，我无法知晓。
它能云里来，风里去，变化莫测，无人能识其全貌。
这次见到老子，远远超出我的想象。
我想，老子大概就像龙一样吧。"

项橐,春秋时期的神童,孔子曾向其请教过问题,后世尊其为「圣公」。

"昔仲尼,师项橐(tuó)"是《三字经》里的一句话,
说的是孔子出行路过中牟时,
被一群玩筑城游戏的小孩挡住了去路。
孔子下车,微笑着请孩子让路。
小顽童项橐理直气壮地说:

"只有车绕城而走,哪有城让车而行呢?"
孔子望着天真的项橐,觉得有理,
于是说:"中牟人可教化。连孩子都如此,何况大人呢?"
孔子师从天真,依"理"而动,于是回车绕道而行。

子曰:"苟志于仁矣,无恶也。" 《论语·里仁》

从周都返回鲁国后,孔子门下的学生比以前更多了。
一次,孔子与子路、颜回出行,
途中闲话时,孔子要他们谈谈志向。
子路说:"愿意把车马、皮衣拿出来与朋友共同使用,
用坏了也不后悔。"

颜回说:"愿意有功也不夸耀功,有劳也不表白劳。"
子路也请老师谈谈志向,
孔子说:"老者安之,朋友信之,少者怀之
(意为"安养老人,成全朋友,关怀少年")。"

子曰:"饭疏食,饮水,曲肱而枕之,乐亦在其中矣。
不义而富且贵,于我如浮云。" 《论语·述而》

孔子教育学生,只有通过艰苦学习,才能得到知识。
孔子最欣赏学生颜回,
他说:"贤哉,回也!一箪食,一瓢饮,在陋巷。
人不堪其忧,回也不改其乐。"
颜回少年家贫,是孔子年龄最小的学生之一,
却勤奋好学,经过苦读终有所成,被后世尊为"复圣"。

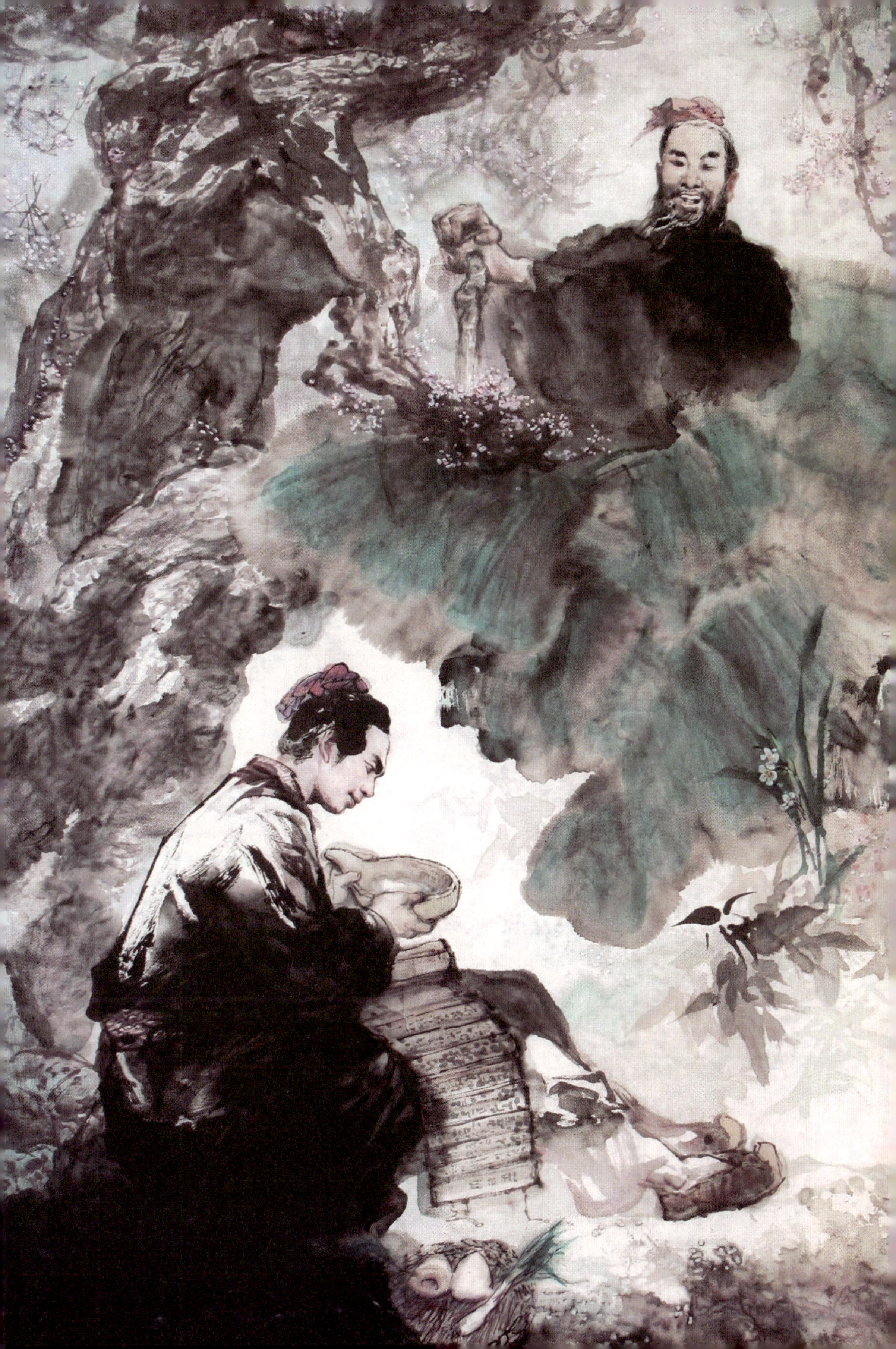

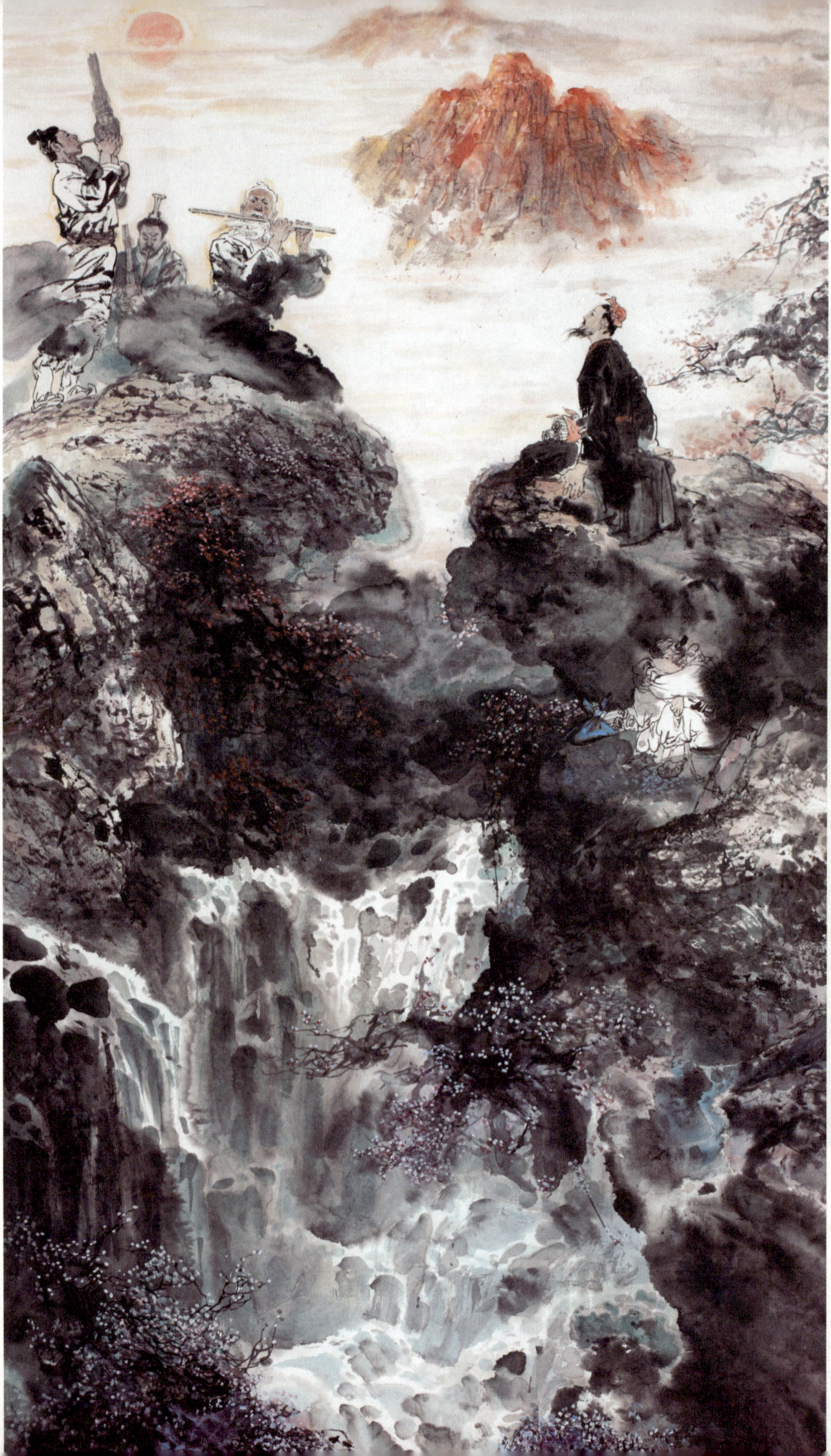

孔子35岁那年,
鲁国季孙氏、叔孙氏、孟孙氏三大家族发动政变,
鲁昭公被迫流亡国外。
孔子愤而离开鲁国,去了齐国。
孔子在临淄(齐国故都)听了韶乐后,大为惊叹,
于是他认真地学习奏唱,
一连三个月不知肉的味道。
韶乐是虞舜时期的乐曲,也称"箫韶",
因有九章,故又称"九韶"。
孔子评论其"尽美矣,又尽善也",
"箫韶者,舜之遗音也。湿润以和,似南风之至"。
齐人称赞孔子的学习态度达到了痴迷的境地。

孔子与友人相聚时,
听到友人唱出一首好歌,
便会热情地请友人再唱一遍,
他自己也会随着友人唱和,
并为学习到一首好歌而感到无比快乐。

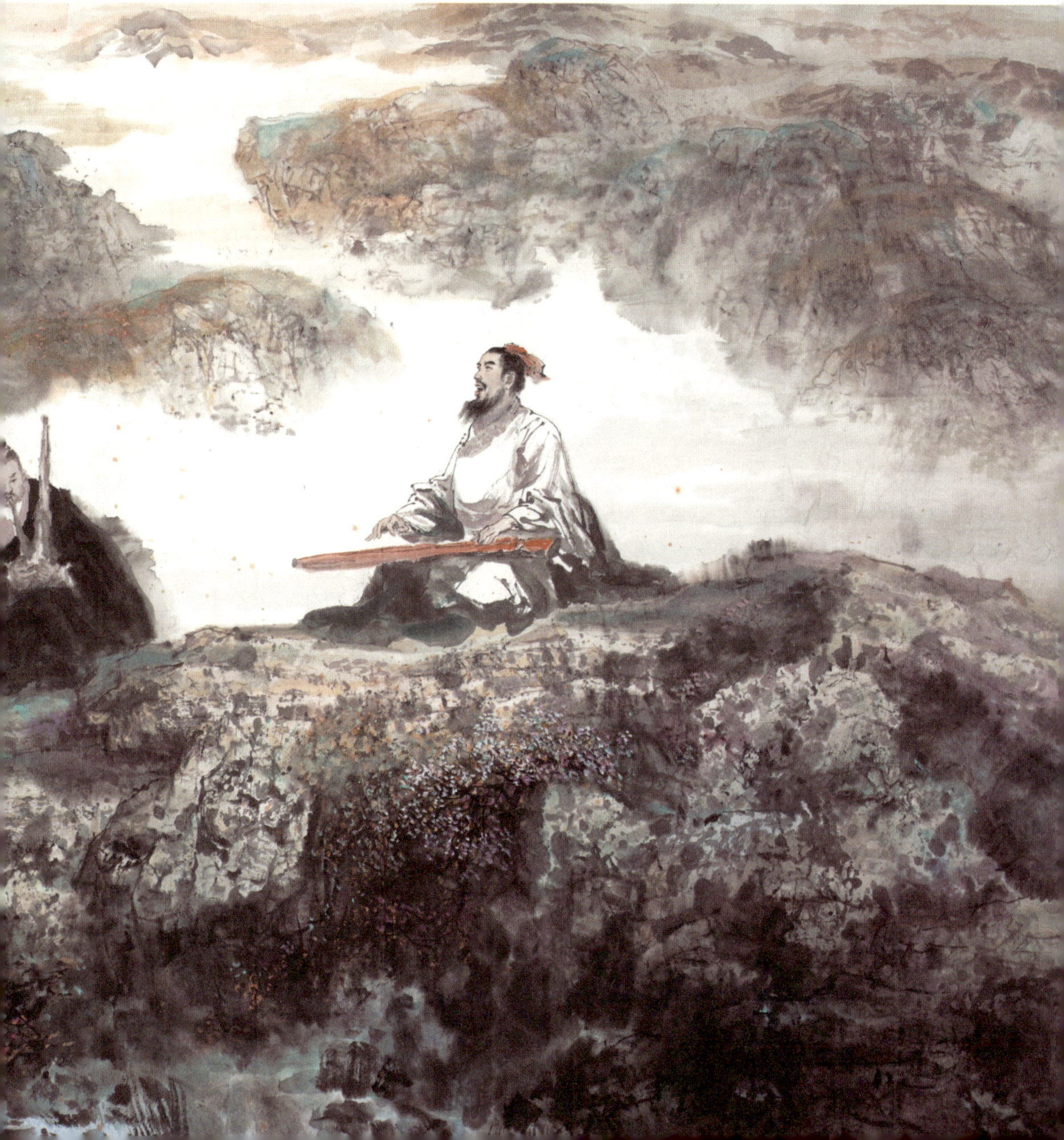

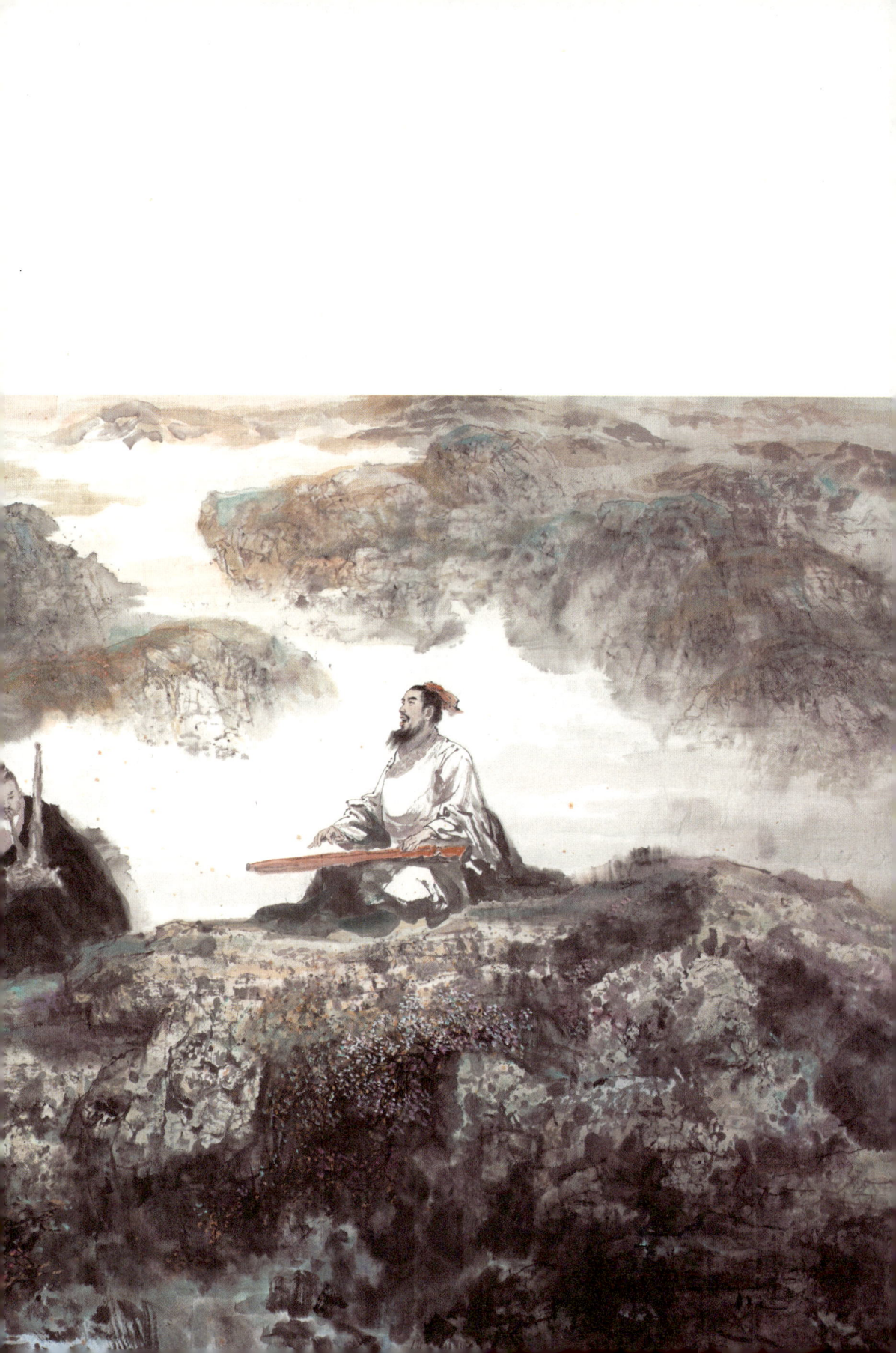

中华名人故事图画书

山东城市出版传媒集团·济南出版社

孔子的故事 下册

图 郭德福
文 郭德福

齐景公接见孔子,并向孔子问政。

孔子直言:"为政在于节约财用。"

事后学生问孔子为何如此回答,

孔子说：

"齐景公奢侈地修盖楼榭、扩建花园，歌伎舞乐不停地表演，一个早晨就三次将拥有千辆战车的食邑封给臣下，所以我告诉他政在节财。"

孔子在齐国听到了韶乐,
也观看了当时临淄流行的"蹋踘"(即蹴鞠),
并被场上友人的高超球技所吸引。
当时临淄重大庆典上都安排有蹴鞠比赛,
孔子的齐国友人和学生中有很多人是蹴鞠爱好者。

蹴鞠，中国古代一种类似足球的体育活动。在春秋时期，蹴鞠是训练士兵、考察兵将体格的方式。

孔子在齐国大臣高昭子的帮助下,见到了齐景公。
齐景公通过与孔子多次深谈,想重用孔子,
连送给孔子的封地都想好了,
却遭到大臣们的反对,甚至到了有人想害死孔子的地步。

情势紧急,孔子亟须离齐归鲁。
孔子发现学生已经将米淘进炊具,尚未煮熟,
为避免浪费,他亲自动手将米捞出,
接淅(捧着已经淘湿的米)而行。

孔子离齐归鲁途中路过泰山。
为了一观泰山日出的壮美景象，
他不畏山路险峻，
勇攀泰山高峰。
望着东方冉冉而起的朝阳，
孔子心里充满仁者乐山的情怀。

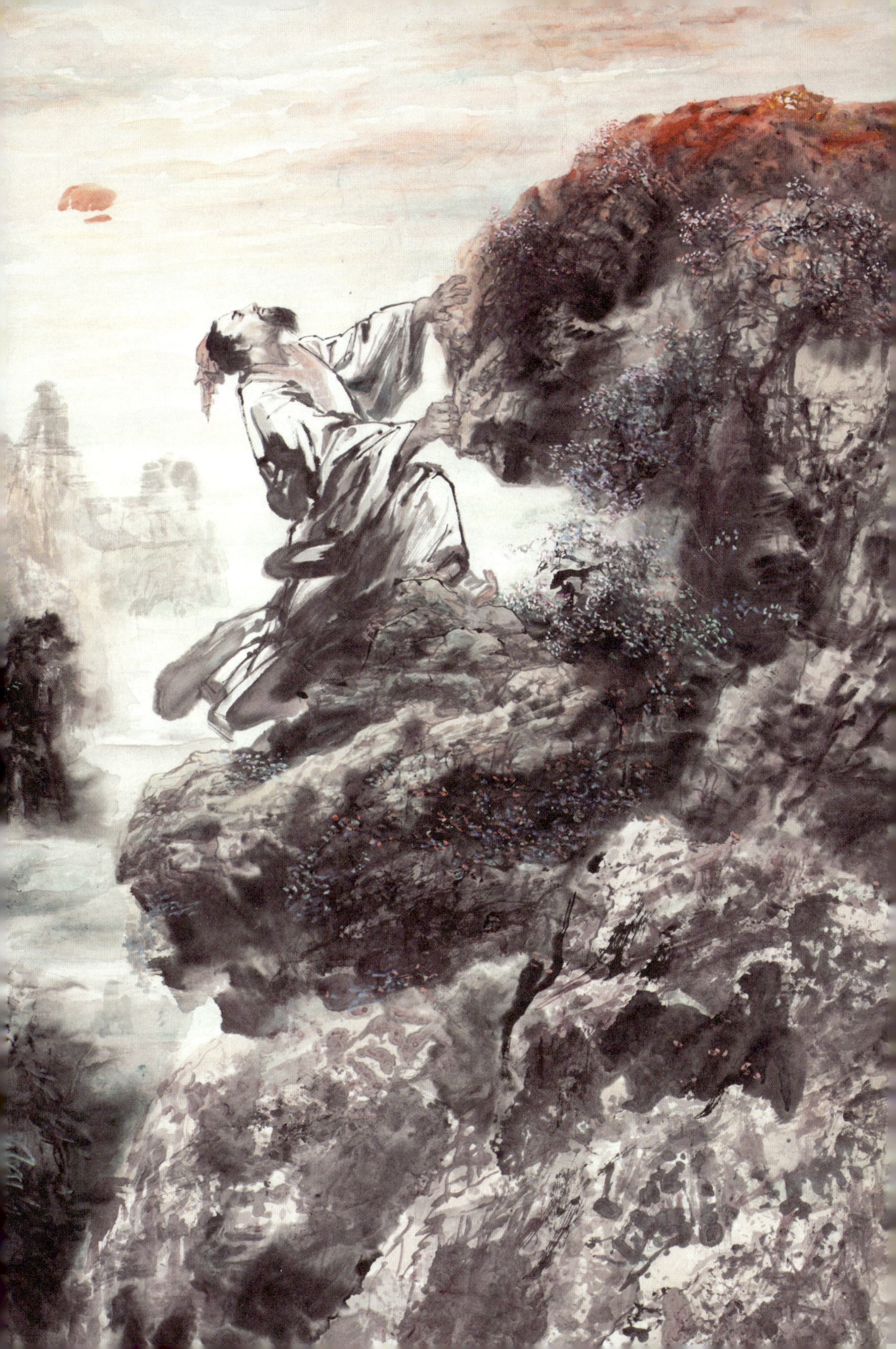

孔子的学生公冶长品学兼优,俭朴好学,很有毅力。
一次,公冶长无辜获罪,身陷囹圄,
孔子对他说:"我知道你是被冤枉的。"并毅然将女儿嫁给他。
婚后,夫妻二人琴瑟和谐,非常幸福,生了两个儿子,

一个叫子犁，一个叫子耕。

公冶长一生致力于治学，教书育人，成为著名文士，深受孔子赏识。

在山东安丘的公冶长故居遗址，

至今还留有孔子和女儿、女婿合植的两株银杏树。

生活中的孔子是个很重亲情的人。
同父异母的哥哥孟皮先天患有足疾，
孔子多次回乡看望哥哥一家，
兄弟俩灯窗夜话，手足情深。

孔子教孟皮的儿子孔忠（字子蔑）识字读书，教诲他成长为德才兼备的人，还把自己的优秀学生南宫适介绍给孟皮的女儿为婿。孟皮去世后，孔子将哥哥葬在了防山父母墓旁。

孔子很重视对儿子孔鲤的文化教育,
除了让孔鲤与学生们一起听他讲学,
还关注他的学业选择与治学进程。
《论语》记载,
孔子曾两次教导孔鲤,
说:"不学诗,在社会交往中就不会说话;
不学礼,在社会上做人做事,就不能立足。"

孔子以诗礼传家的方式，
教育儿子孔鲤和孙子子思，
使他们成为杰出的儒家学者。

子曰："兴于诗，立于礼，成于乐。"
《论语·泰伯》

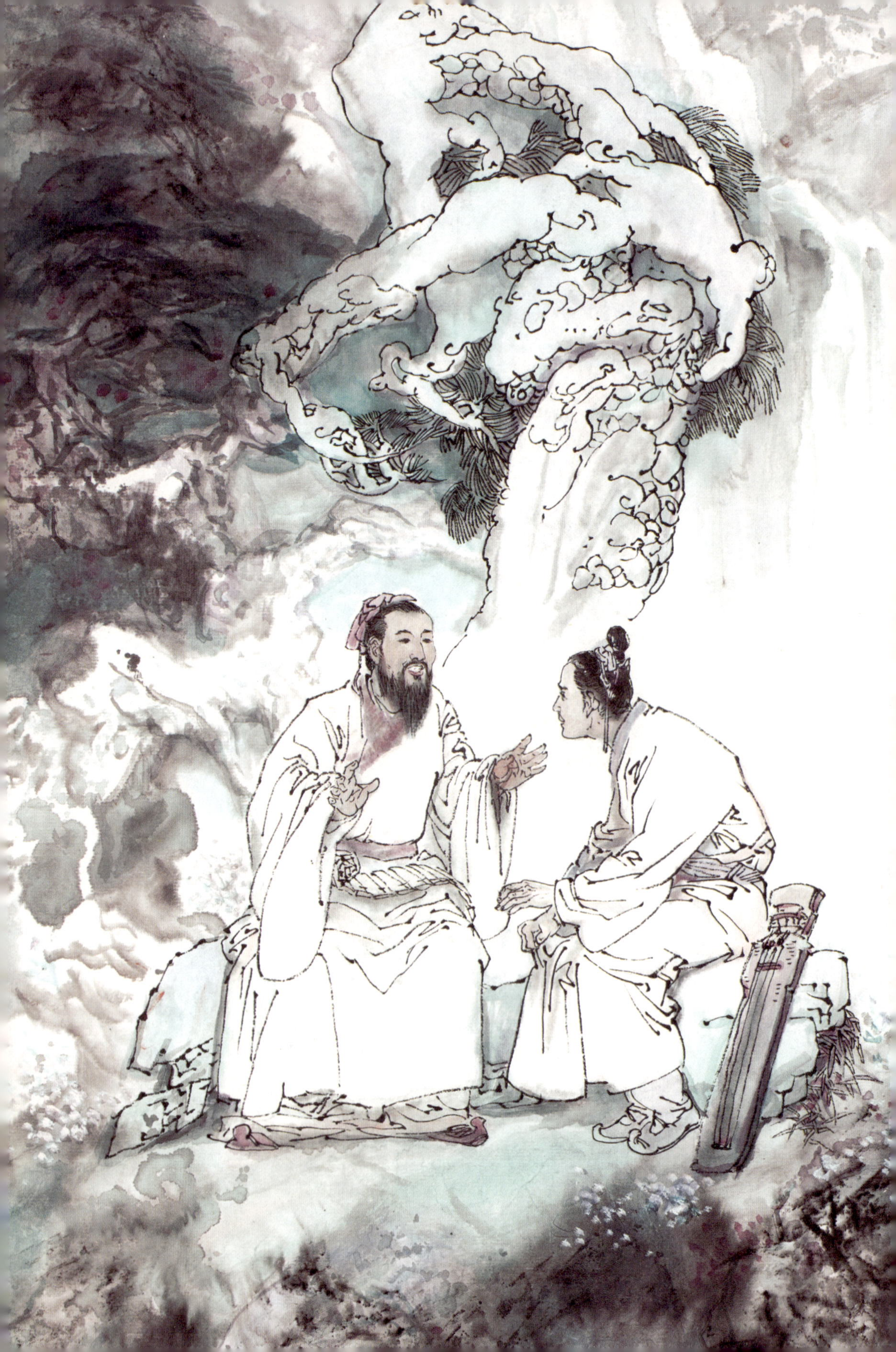

孔子基于人生不同阶段的生理状况，
提出了"养生三戒""阶段养生"的理论。
孔子说："君子有三戒：
少之时，血气未定，戒之在色；
及其壮也，血气方刚，戒之在斗；
及其老也，血气既衰，戒之在得。"
他强调在不同的时期，要遵循不同的养生规律。
少年时，生理结构尚处于发育期，
血气未定，过早沉湎色欲之中，
会影响身体的正常发育与健康；
壮年时期，血气方刚，身体发育完全，
精力充沛，易怒好斗，因此应当"戒斗"；
老年时，血气衰落，应该注意养生，
忌贪心不足、欲望过多，
应该"戒贪""戒得"。

孔子与学生子路、子贡、颜回游农山。

孔子让三人各言其志。

子路高声道："我愿在国家危难时，力战却敌，解除国家危难。"

孔子说："勇士啊！"

子贡说：

"我愿在旌旗相望的战场上，陈说于白刃之间，解除两国之患。"

孔子说："辩士啊！"

颜回则说："我愿得明主相之，广施德政，消除邪恶的战患。"

孔子赞许了颜回的志向。

鲁国的一位盲人乐师来见孔子,
孔子亲自去迎接,扶他入席,
并把在座的人谁坐在什么位置上一一介绍给他。
乐师走后,学生子张问:
"老师,你今天这样对待盲人乐师,
是不是以后我们遇见盲人,也应该这样做?"

孔子回答：

"这本来就是帮助盲人最基本的方式呀。"

子曰："君子喻于义，小人喻于利。"　　《论语·里仁》

在山东汶上，有孔子钓鱼台遗址。
《论语》记载，"子钓而不纲"，
意思是孔子不用多钩的网捕鱼，
或者只用有一个鱼钩的钓竿垂钓。
在利用自然资源的同时，保护自然资源循环往复、生生不息，
孔子在这方面为现代人做出了榜样。

子曰:"天何言哉?四时行焉,百物生焉,天何言哉?"

《论语·阳货》

中华名人故事图画书

孔子是一位射箭高手，
《论语》中的"弋不射宿"，
就是对孔子打猎的描述。
孔子打猎，
从不射杀正在归巢和已栖息的鸟，
因为巢中有嗷嗷待哺的小鸟。
保护物种可持续发展的理念，
2500多年前的孔子就已经身体力行了。

鲁国权臣季桓子的家臣阳货，通过阴谋手段控制了鲁国大权。
阳货很想让德高望重的孔子为自己效力，
于是先放出风来想让孔子去见他，
但孔子佯装不知，没有去。
狡猾的阳货趁孔子不在家时，送去了一只蒸熟的小猪。
按照周礼，孔子应回拜阳货。

子曰:「君子坦荡荡,小人长戚戚。」
《论语·述而》

孔子知道阳货的用心,便趁阳货不在家时去还礼,
可还是在回来的路上遇到了阳货。
阳货让孔子出来做官,为他效力,
孔子敷衍几句,便回家教学去了。
面对高官诱惑,孔子坚守了不为野心家效力的道德底线。
后来,阳货发动政变,不久被击溃,阳货专鲁的政局宣告终结。

孔子51岁时,被鲁定公任命为中都宰。

孔子上任后,制定了一系列使百姓生有所养、死有所安的惠民政策,仅一年,就使中都"路不拾遗,夜不闭户",百姓安居乐业。

不久,孔子得到升迁,百姓前来送行,送上无数土特产品,但都被孔子婉言谢绝了。

有一老人连夜为孔子赶做了一双布鞋,
希望换下孔子脚上的旧鞋为念。
孔子很感动,亦理解老人换鞋的深意,欣然应允,留履中都。
孔子穿着新鞋上路了,
他感到了温暖,也感受到了百姓的心意。

孔子升任鲁国大司寇，主管治安、司法。
当时的曲阜制假贩假成风，
有个叫沈犹氏的羊贩子就是这样的奸商。
他大清早给羊灌喝大量的水，
然后售卖，常年如此。
还有些家畜贩子更是以次充好，
不择手段抬高售价，欺骗民众。

孔子上任后决心打假。

他"刑政相参",德法结合,经过认真治理,取得了显著的效果。

奸商们收敛了贩假行为,

沈犹氏再也不敢卖注水的羊了,

家畜贩子也不敢以次充好乱涨价了,

一些违法乱纪、制假贩假又不思悔改的人,

因害怕打击而逃出鲁国,整个社会和谐一新。

孔子升任鲁国大司寇后，位高权重，
却谢辞了国君分配给他的好车骏马。
他不讲排场，不比阔气，出行"乘柴车而驾驽马"
（柴车指简朴的木马车，驽马意为跑不快的普通劣马）。

孔子以身作则，倡导节俭，
使鲁国的奢侈之风有所改变，也给为官者做出了表率。

子曰："奢则不孙，俭则固。与其不孙也，宁固。"

《论语·述而》

见利思义，见危授命，久要不忘平生之言，亦可以为成人矣。《论语·宪问》

公元前500年夏，齐、鲁两国在夹谷（今山东莱芜境内）会盟。会盟时，齐国以表演为名，派人舞刀动戈，企图劫持鲁国国君。危急时刻，身为鲁国大司寇的孔子奋不顾身，

直面刀戈，大声斥责齐人失礼，
以正义战胜齐国，使鲁国取得了夹谷会盟的胜利。
孔子以礼做武器，维护了国家的尊严和利益。

孔子任大司寇代摄相事时，为了实现国家安定统一，
提出了"堕三都"的建议，
主张把季孙氏、叔孙氏、孟孙氏的费、郈（hòu）、成三邑城墙拆除，
从而削弱"三桓"的势力。
在实施中，费邑的公山不狃率军反叛，偷袭国都，

三桓,指鲁国卿大夫季孙氏、叔孙氏、孟孙氏。由于三家皆为鲁桓公之后代,故人们称之为"三桓"。

孔子率曲阜军民合力击败叛军。
孔子在拆除成邑城墙时又遭到孟孙氏的强烈反对,
"堕三都"计划失败。
"三桓"对孔子的不满与疑虑加重,孔子在鲁国政坛陷入困境。

子曰:"德不孤,必有邻。"《论语·里仁》

孔子辅政使鲁国日益强大,齐国君臣感到了威胁,
他们想出一计,送给鲁定公许多美女、良马,
使鲁定公、季桓子"往观终日,怠于政事"。
鲁国郊祭大典后,
季氏未按常规分送祭肉给孔子,
这意味着孔子被鲁国政坛抛弃了。
孔子师生决定离开鲁国,去别国另寻出路。

孔子一行在屯地遇到季桓子派来送行的师己，
孔子见他只是送行并非挽留，很是失望。
临行之际，
他说："迟迟吾行也，去父母国之道也。"
表达了他对鲁国的留恋与热爱。
就这样，已经55岁的孔子离开鲁国，
开始了漫长的周游列国生涯。

孔子师生西行来到卫国，一直没有得到卫灵公的重用。

一次，卫国权臣王孙贾私下找到孔子说：

"与其媚于奥，宁媚于灶。"

奥是古代家神，灶是灶神。

家神尽管地位尊贵一些，却不如灶神能直接掌管主人吉凶，所以当时一些人往往多送供品给灶神，盼望灶神"上天言好事"，多讲家人好话，以便"下界降吉祥"，获得更多福祉。

王孙贾说此话的目的很明确，显然是在索贿：

给我点好处,我会向卫灵公推荐重用你。
正直的孔子拒绝了王孙贾的索贿要求,
他说:"获罪于天,无所祷也。"谁获罪于天?是人自己。
首先自己要走正路,天才会助你。

子曰:"其身正,不令而行;其身不正,虽令不从。"
《论语·子路》

卫灵公的夫人南子十分美丽,
她是宋国人,喜欢宋国的礼乐。
孔子青年时头带章甫帽到祖籍地宋国探寻宋国礼乐,
以及迎娶宋女亓官氏为妻的事情,
南子早有耳闻。
听说孔子来到卫国,南子很想见见他,

南子,卫灵公夫人,美貌而有政治头脑。

于是说:"凡是来到卫国跟国君做兄弟的,我都要见一见。"
孔子依礼应邀见到了南子。
回来后,孔子对学生说:
"我是不得已而见之,但见了之后,发现她还是挺懂礼乐的。"

据说舜继承部落联盟首领之位时，
带领百姓祭拜天地，吟咏《南风》，
后人将这一天作为岁首，
这就是春节的由来。
《南风》表达了养民爱物的和谐气象，为历代所推崇。

孔子喜爱弦歌此诗,
他评价说:
"德如泉流,至于今,王公大人述而弗忘。"
孔子师生按家乡习俗垒起枣馒头山,
演奏《南风》,守岁过春节。

孔子在卫国时,
驾着牛车走到浚县的一个村庄,
拉车的母牛即将分娩,孔子和弟子们都不知如何处置。
村民们知道孔子是个有学问的人,
就将孔子一行请到家中,并帮忙照料母牛产下小牛。
孔子向村民们传授《诗经》,感谢他们的关照之情。

临行，孔子为答谢村民，还特意把小牛留给了村民。为纪念孔子，这个村就改名为"留牛村"。

夫仁者，己欲立而立人，己欲达而达人。能近取譬，可谓仁之方也已。 《论语·雍也》

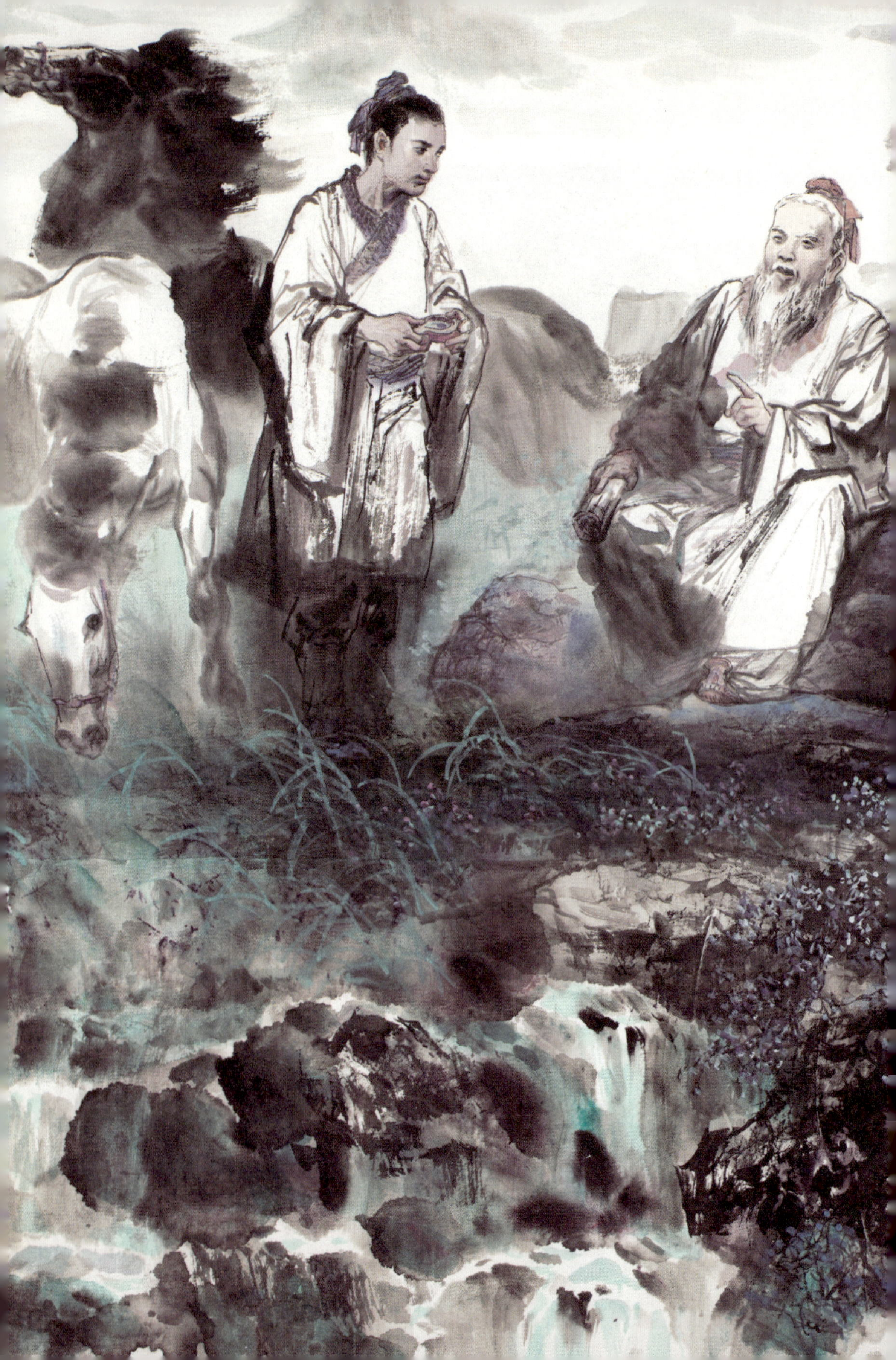

信近于义，言可复也。 　《论语·学而》

孔子只在卫国居住了10个月就被迫离开，
打算去晋国。
途中，孔子对学生说：
"人而无信，不知其可也。
大车无輗（ní），小车无軏（yuè），其何以行之哉？"
孔子认为人没有诚信，
就像牛拉的大车和马拉的小车缺少套牲口的活销一样，
怎么能走呢？

孔子带着学生周游列国,
栉风沐雨,传道授业,寻找实现理想的机会。
一次,孔子师生在赶往宋国的途中,
于一棵大树下燃起篝火,开始讲学。

宋国的桓魋（tuí）因听说孔子批评他造石椁（guǒ）三年未完工，
浪费了人力物力，而怀恨在心，
派人前来砍倒大树，扬言要加害孔子。
孔子师生只得连夜赶往郑国。

孔子师生在去郑国的路上走散了,
孔子一人站在东城门口,
样子惶恐落魄。
子贡焦急地到处寻找老师,
这时一个路人告诉他:
"东城门站着一人,
落魄得像一只丧家狗。"
子贡寻到孔子并将此话告诉了老师,
孔子听后没有生气,
欣然受之且赞叹道:
"然哉(说得真像啊)!然哉!"

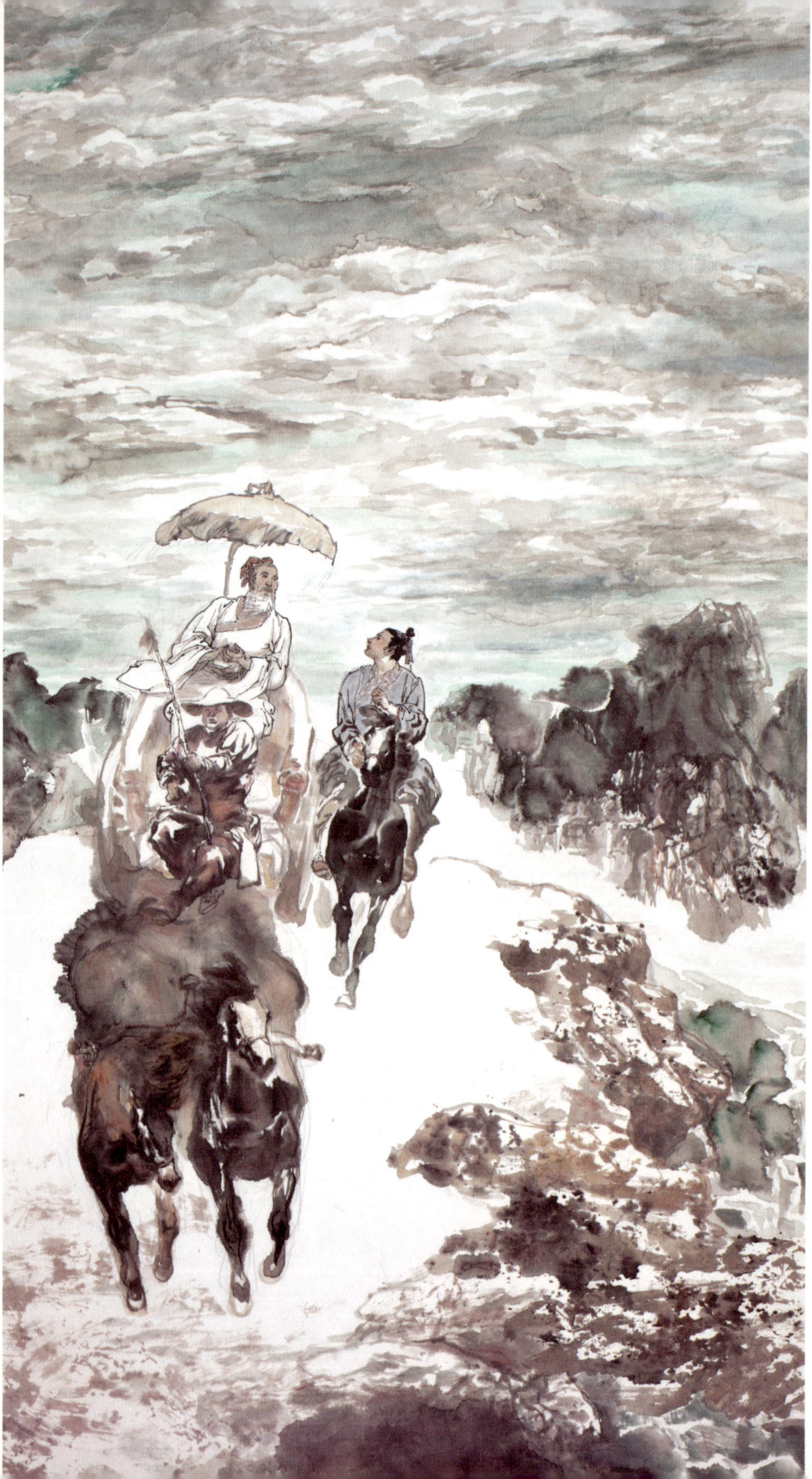

鲁国权臣季桓子临终前嘱咐儿子季康子召回孔子。
但由于公之鱼的阻拦，
季康子又改变主意，
派人征召孔子的学生冉求回鲁。
冉求临走前，
孔子对他说：
"这次鲁国召你回国，是要重用你啊！
回去吧，你是个志向远大的人！"

子曰："君子成人之美，不成人之恶。小人反是。"
《论语·颜渊》

公元前489年，孔子带领学生前往楚国。
陈、蔡两国国君担心孔子去楚国后会对他们不利，
于是派人将孔子师生围困在陈、蔡之间。
孔子师生断粮七日，学生饿的饿、病的病。
孔子却十分镇定安详，
依然给学生们讲课、诵诗、弹琴，没有停止讲授活动。
七日后，孔子一行人终于脱离困境。

子曰:"岁寒,然后知松柏之后凋也。" 《论语·子罕》

一次，孔子师生要渡河，找不到渡口，
便让子路去问。
子路先问在田里劳作的长沮，
长沮说：
"既是孔丘，他应该知道路呀。"
子路又问桀溺，
桀溺说：
"天下战乱，世风日下，
如滔滔洪水，谁有能力改变呢？
你们师生不也流亡列国、四处碰壁吗？
不如像我们一样种田糊口吧。"

子曰："志士仁人，无求生以害仁，有杀身以成仁。"
《论语·卫灵公》

孔子仰天叹曰：
"我何尝不想归隐山林？
可是总得有人为改变这个社会做出牺牲啊！"
成语"指点迷津"就由此而来，
孔子百折不挠的济世情怀从中可见一斑。

孔子在从卫适曹、去陈赴楚的周游奔波中，
虽没实现最终的政治抱负，
却在磨难和挫折中养成了高尚的品格，
丰富了学养，完美了德行。
在旅途小憩的篝火旁，在粟米粥的香气里，

奔波劳累的孔子渐入梦乡——
象征着祥和盛世的金凤凰展翅飞来,
清明仁政得以实施,
"有教无类"惠及天下学子,
"路不拾遗,夜不闭户"的和谐景象呈现乡里……

子曰:"志于道,据于德,依于仁,游于艺。"　　《论语·述而》

孔子在周游列国的途中,
得知齐国大军要进犯鲁国,鲁国危在旦夕,
便急派学生子贡去游说诸侯国,
为鲁国抗齐争取准备时间。
孔子又送简函给已归鲁的学生冉求、樊迟,
两位学生遂按照孔子教授的"射""御"之术,
训练了一支手执长戈的突击队。
冉求挂帅,率鲁军以长戈力克齐军的刀剑,
大败齐军,遂解鲁国之危。
大胜之后,
有人问冉求率军胜齐的本领是从何处学来的,
冉求答是从老师孔子那里学来的。

147

孔子的故事（下册）

子曰:"三军可夺帅也,匹夫不可夺志也。" 《论语·子罕》

孔子的学生冉求、樊迟在鲁国危难之时敢于担当,
分率左右两军抗击入侵强敌。
当鲁军面临险境时,
樊迟大声鼓励士兵为保卫国家而战,

并身先士卒,第一个杀入敌军;
冉求则挥长戈力战克敌,大败齐军。
孔子知道后,
欣慰地说:"真是义士啊。"

150

中华名人故事图画书

公元前484年,
季康子派人迎孔子回鲁国,
时年68岁的孔子终于结束了14年颠沛流离的生活,
返回故乡。
途经隐谷,孔子看到长在乱草中的兰花,
它的高雅,它的馨美,
都令孔子流连。
他便抚琴作歌《猗兰操》,
歌道:"山风习习吹着,天阴要下雨了。
他要回归远方,送他到野外。
为什么苍天之下没有他的处所,
辽阔的九州没有他安定的居处?
世人不认识贤能的人。
岁月流逝,我将衰老了。"

且芝兰生于深林,不以无人而不芳;君子修道立德,不谓穷困而改节。 《孔子家语·在厄》

返回鲁国后，孔子潜心治学，教书育人。
曲阜息陬村是孔子修订《春秋》、整理古籍的地方，
此村因孔子在此作《息陬操》而闻名。
《春秋》是我国第一部编年体史书，
记载了春秋时期242年的历史（依《左传》为244年），
内容涉及当时的政治、军事、经济、文化、天文气象、
物质生产、社会生活等诸方面。

《春秋》本是孔子给学生编纂的历史课本，
语言简练，隐寓褒贬，婉而成章。
《春秋》不但收录档案，
还加入了孔子的看法，
孔子曾叹曰：
"知我者，其惟《春秋》乎！罪我者，其惟《春秋》乎！"

多才多艺的孔子爱唱歌,会乐器,懂乐理,能谱曲,
且对音乐有着自己深刻的理解。

他说:"音乐是可以理解的。

开始演奏时,众音陆续出现,活泼而热烈;

接下去,众音单纯而和谐,节奏清晰明亮,

旋律连绵往复,直至一曲终了。"

孔子曾在阙里吹笛,在陈蔡弦歌,在卫都击磬,

他给予音韵最高的评价:"乐者,天地之和也!"

孔子结束周游列国之旅回到鲁国后,
将《诗经》里的三百多首诗都正乐谱曲。

孔子说:

"吾自卫反(通"返")鲁,然后乐正,雅颂各得其所。"

子曰:"诗三百,一言以蔽之,曰:'思无邪'。"
《论语·为政》

子夏是孔子门下"文学科"的青年才俊,
他一直帮助晚年的孔子进行文化典籍整理,
是孔子的得力助手。
孔子将《诗经》中的诗全部谱曲后,传授给子夏。

当时孔子倡导诗与乐不能分开,诗可吟可唱。
他用配乐之诗叙事言志,在弦歌吟唱中交流沟通,
让诗、乐、礼成为一体,
成就了"兴于诗,立于礼,成于乐"的孔门教育体系。

孔子回到鲁国阙里家中时,
他的妻子亓官氏已于一年前去世。
后来,孔子的孙子孔伋(字子思)出生。
白发孔子望着聪慧天真的子思,
心中充满了关爱与期许。

后生可畏,焉知来者之不如今也?

《论语·子罕》

子思的父亲孔鲤去世后,
孔子对子思更加疼爱,
将子思带在身边抚养。
孔子编书,子思便以书简为玩具,
在对古代文献进行大规模整理之余,孔子尽享天伦之乐。

在爷爷孔子的关爱下,
子思一天天长大。
当他能背出书中的简单诗句时,
孔子欣慰地笑了。
子思不负爷爷的教诲,
后来经过一番努力,
成为著名的儒家学者。
孟子便是子思的学生,
四书五经中的《中庸》也出自子思的手笔。

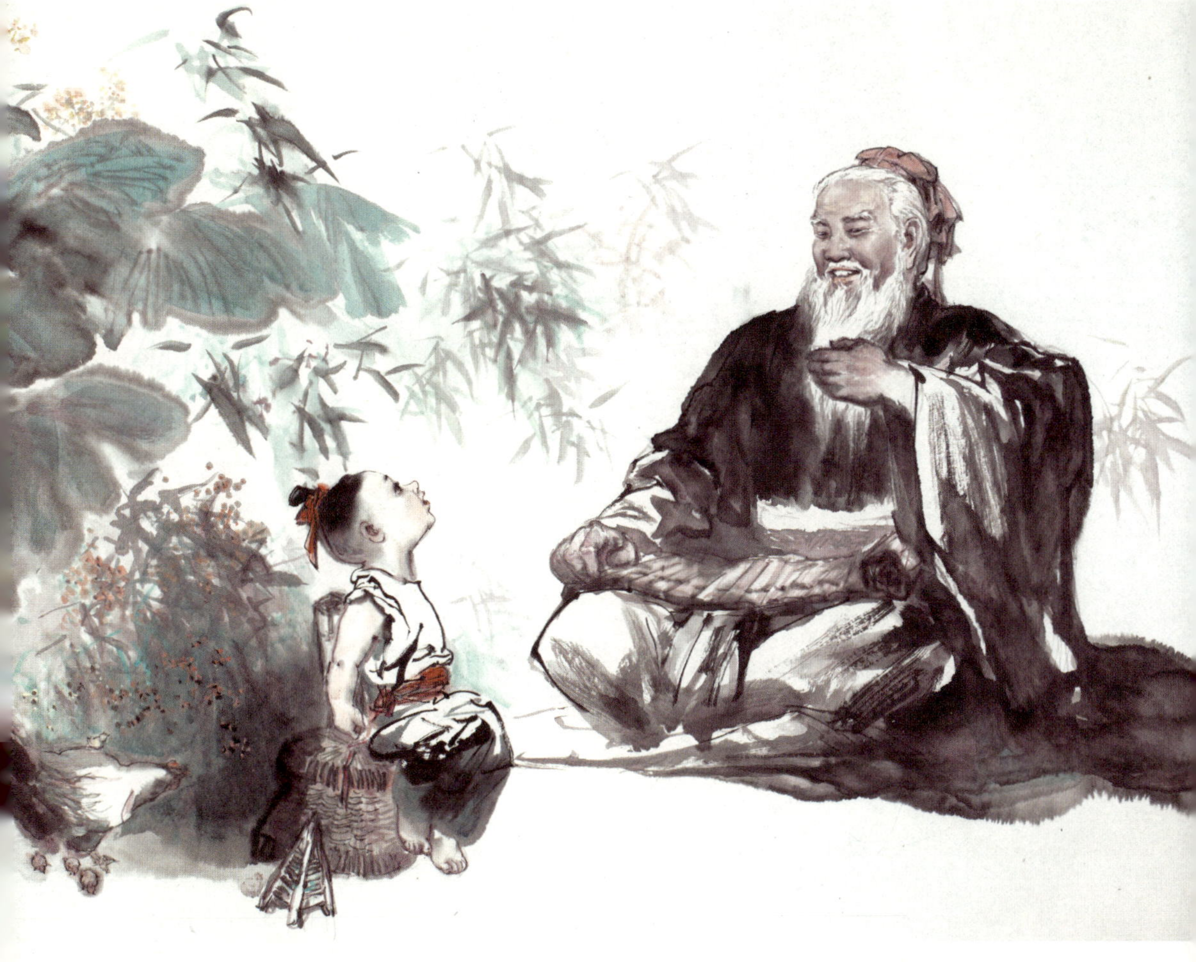

孔子爱植树,
多次和学生在杏坛前种树,
有一株当年孔子亲手植下的桧(guì)树,
至今仍枝繁叶茂。

孔子去看望女婿公冶长一家时，
带去的礼物就是几株树苗。
孔子与学生在河南上蔡县种下的一棵银杏树，
至今仍生机勃勃。

子曰："女奚不曰，其为人也，发愤忘食，乐以忘忧，不知老之将至云尔。" 《论语·述而》

一次叶公问孔子的学生子路：
"你的老师是个什么样的人？"
子路没有回答。
子路回去后将此事告诉了孔子。
孔子说：
"你何不告诉他，我发愤研求学问，常常忘了吃饭；
当学问有所发现与长进，就会快乐得忘了忧愁，
甚至忽略了衰老的到来。"
孔子的忘忧是真正的快乐，
这种终生好学、物我两忘的真快乐，
是人生的最高境界。

孔子家养过一只犬,
孔子很爱此犬,常常带它散步。
他在杏坛讲学时,此犬静卧一旁似在听课,
并养成了"爱简书"的习惯。
孔子师生在院中晾晒的简书,它从不践踏,
总会绕"书"而行。
有一天,此犬老死了,孔子很伤心,

对学生子贡说:
"把它好好安葬吧,
我听说马死了是用旧的车帷幕包起来埋葬的,
犬死后是用旧的车盖盖着埋葬的。
我穷,没有旧车盖,
你就拿领席子把它包起来埋掉吧。"
于是,子贡带人将此犬埋在了孔子常带它散步的泗水边。

《周易》,中国古代哲学书籍,亦称《易经》,简称《易》。它被誉为"群经之首,大道之源"。

孔子回到鲁国后,
专心从事教育事业和文献整理工作。
他将浩如烟海的古代各国文献典籍整理成
《诗》《书》《礼》《乐》《易》《春秋》,
称之为"六经"。

晚年的孔子十分喜爱读《周易》,
反复研习,甚至使串连竹简的皮绳都断了三次,
后人称之为"韦编三绝"。
孔子谦虚地说:
"如果让我多活几年,我就可以完全掌握《周易》的精髓了。"

孔子 71 岁时，
他心爱的学生、年仅 41 岁的颜回去世。
白发孔子放声痛哭：
"哎呀！老天要我的命啊！
老天要我的命啊！"
学生们怕老师伤了身体，
围过来劝他，
孔子又哭道：
"我不为这样的人伤心，
还为什么人伤心呢？"
孔子是在为一位理想的接班人早逝而哭泣，
这折射出了一位老师对学生金子般的爱心。
孔子与颜回情同父子的师生情谊，
也成为中国传统文化中的经典故事流传下来。

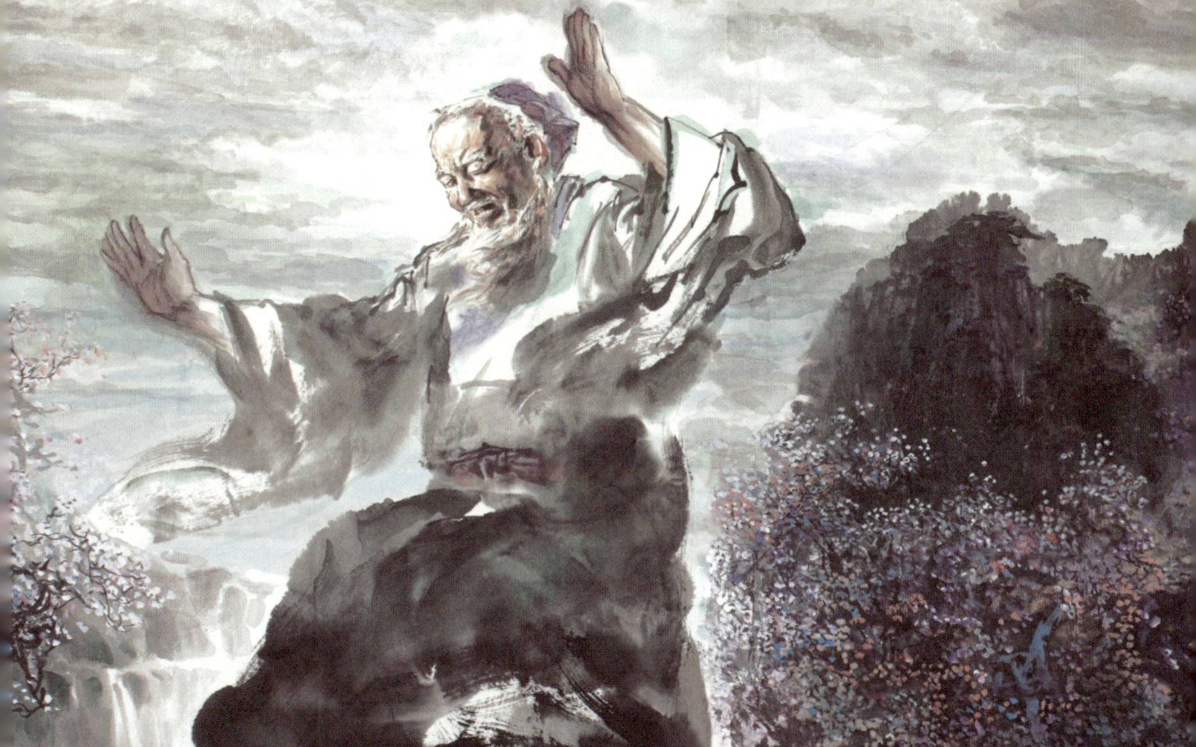

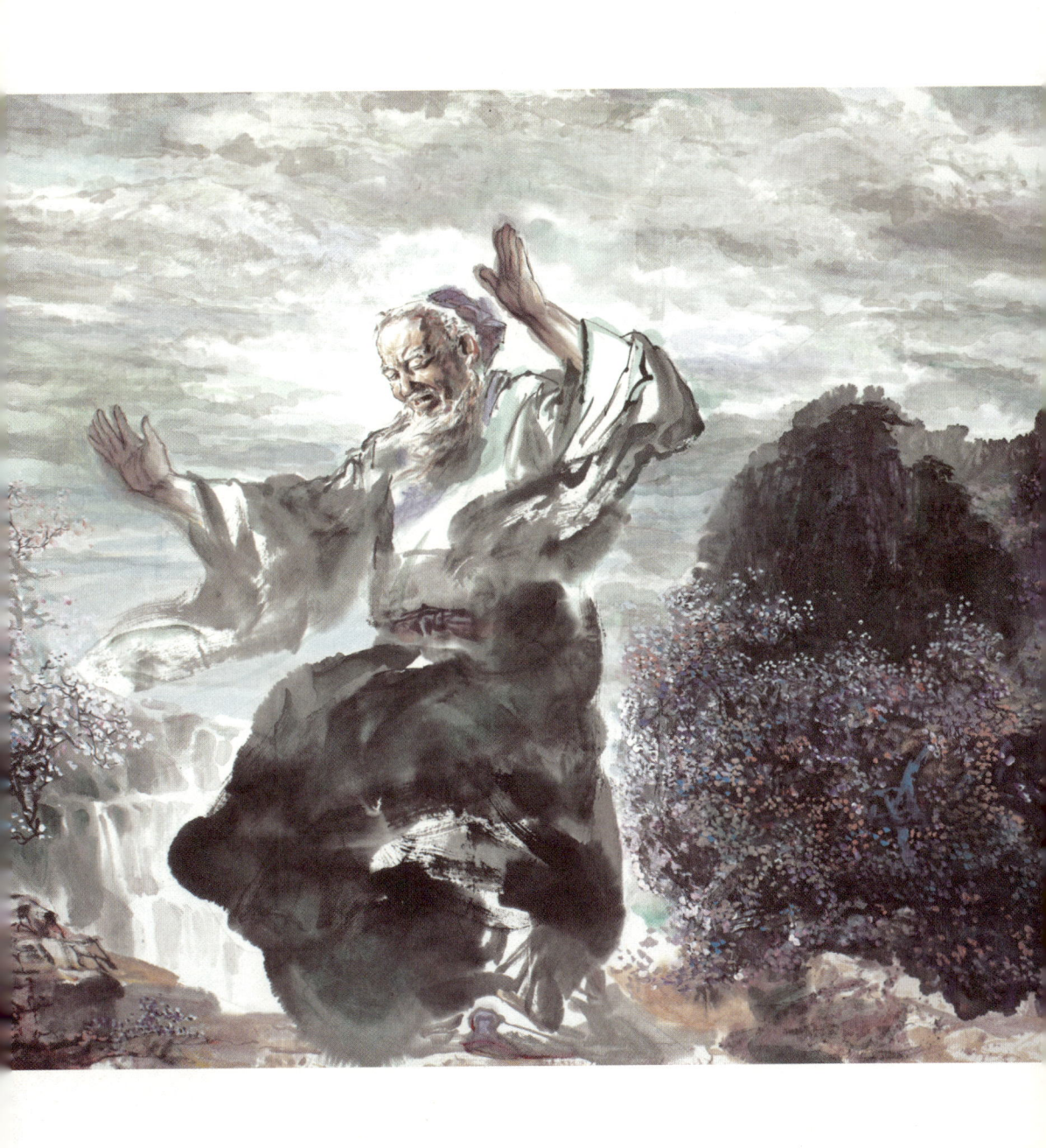

公元前479年4月11日,
73岁的孔子与世长辞。
孔子临终前唱道:
"泰山其颓乎!
梁木其坏乎!
哲人其萎乎!
(泰山崩了!天柱折了!哲人去了!)"
孔子去世后被葬在曲阜城北泗水岸边。
学生们为纪念孔子,
将他的言论汇编成《论语》一书,
后来《论语》成为经典文献。
司马迁在《史记·孔子世家》中这样评价孔子:
"高山仰止,景行行止
(像高山一样让人瞻仰,像大道一样让人遵循)。"
孔子在他漫长的教育生涯中,
教育出三千学子,
是开创我国平民教育的第一人。
这位伟大的教育家、思想家,
其思想学说影响了世界两千多年,
并将不断延续下去。

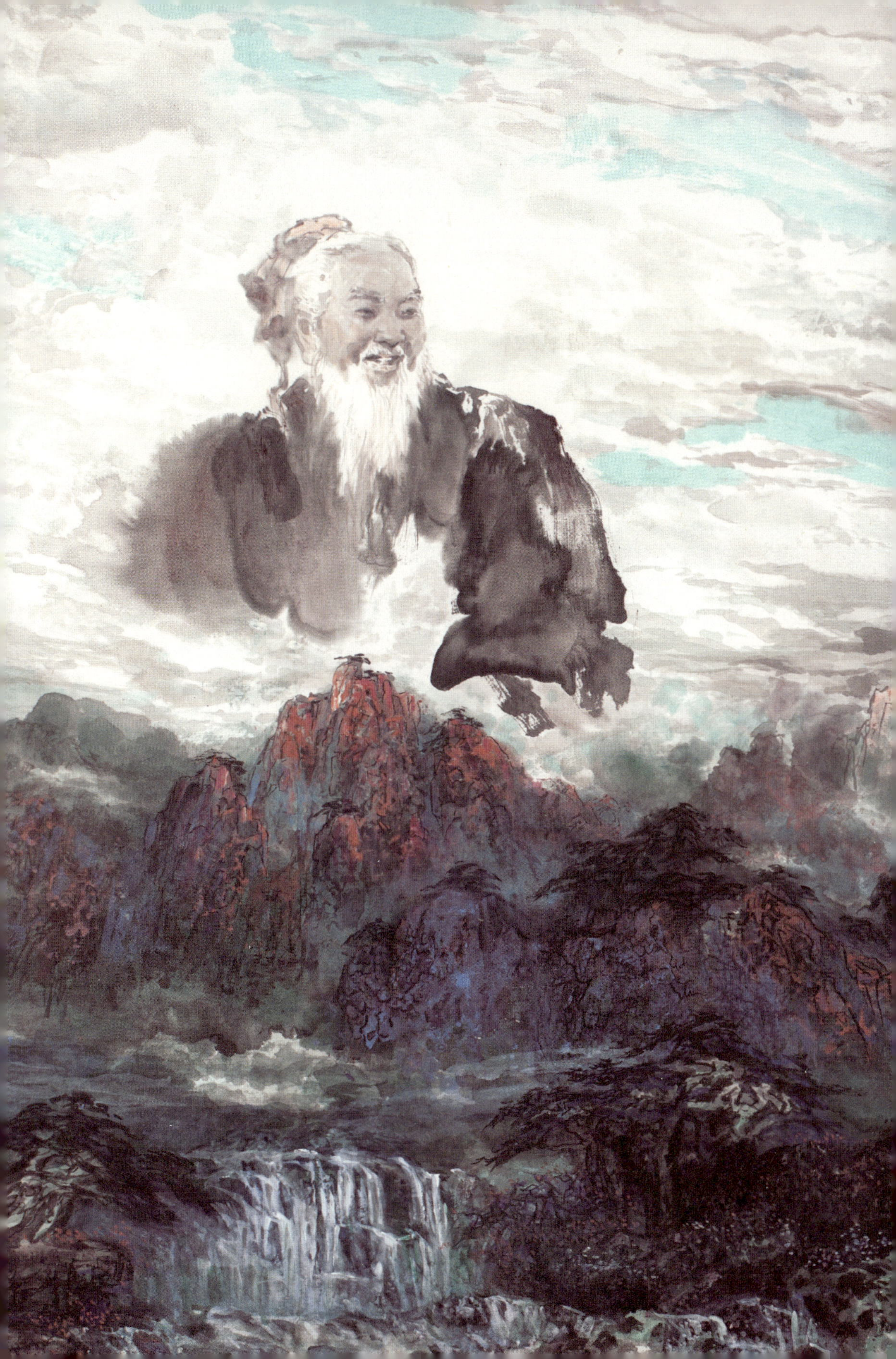